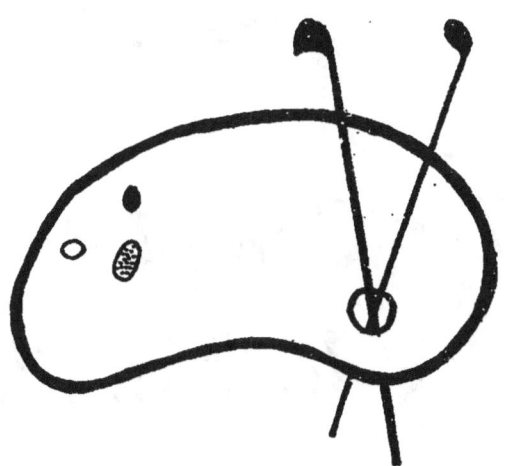

DEBUT D'UNE SERIE DE DOCUMENTS
EN COULEUR

...TIONS DE SOCIOLOGIE

Georges NOBLEMAIRE

Le Complot
contre la Famille

Préface par Etienne LAMY

de l'Académie française

BLOUD & Cⁱᵉ

S. L. P. 486

Nouvelle Collection

LA PENSÉE CHRÉTIENNE
Textes et Etudes
Volumes in-16 à prix divers : 2 à 4 francs.

Saint Irénée, par Albert DUFOURCQ, Professeur à l'Université de Bordeaux, Docteur ès-lettres. 1 vol. 2e édition : **3 fr. 50** *franco* .... **4** fr.

Saint Justin et les Apologistes du second siècle, par Jean RIVIÈRE, Docteur en théologie, Professeur à l'école de théologie d'Albi, avec une introduction par Pierre BATIFFOL, Recteur de l'Institut catholique de Toulouse, 1 v. **3 fr. 50** *franco* .... **4** fr.

Origène, par F. PRAT, secrétaire de la Commission biblique. 1 vol : **3 fr. 50** ; *franco* .... **4** fr.

Saint Vincent de Lérins, par Ferdinand BRUNETIÈRE, de l'Académie Française, et P. de LABRIOLLE, professeur à l'Université de Fribourg (Suisse), 1 vol. ; **3 fr.** ; *franco* : **3 fr. 50**

Saint Athanase, par F. CAVALLERA, 1 vol. : **3 fr. 50** ; *franco* .... **4** fr.

Saint Jérôme, par J. TURMEL, 1 vol. : **3 fr.** ; *franco* : **3 fr. 50**

Tertullien, par le même. 1 vol. 3e édit. : **3 fr. 50**; *franco* : **4** fr.

Saint Jean Damascène, par V. ERMONI, professeur au Scolasticat des Lazaristes. 1 vol., 2e édit. : **3 fr.** ; *franco* : **3 fr. 50**

Saint Bernard, par E. VACANDARD, aumônier du Lycée de Rouen. 1 vol., 2e édit., **3 fr.** ; *franco* .... **3 fr. 50**

Saint François de Sales, par Fortunat STROWSKI, professeur à l'Université de Bordeaux. 1 vol. : **3 fr.50** ; *franco* : **4** fr.

Le Théâtre édifiant en Espagne (Cervantès, Tirso de Molina, Calderón), par Marcel DIEULAFOY, de l'Institut. 1 vol. : **3 fr. 50** ; *franco* .... **4** fr.

Bonald, par Paul BOURGET, de l'Académie Française, et Michel SALOMON. 1 vol. 3e édit. : **3 fr. 50** ; *franco*... **4** fr.

Moehler, par Georges GOYAU, 2e édit., 1 vol........ **3 fr. 50** *franco* .... **4** fr.

Newman, *Le développement du Dogme chrétien,* par Henri BREMOND, 5e édit., refondue et augmentée, avec préface de Sa Grandeur Mgr MIGNOT, Archevêque d'Albi. 1 vol : **3 fr.** *franco* .... **3 fr. 50**

Newman, *la Psychologie de la Foi,* par le même, 4e édit., 1 vol. : **3 fr. 50** ; *franco* .... **4** fr.

Newman, *La Vie chrétienne,* par le même. 3e édit., 1 vol. : **3 fr. 50** ; *franco* : **4** fr. Ces trois ouvrages ont été couronnés par l'Académie française (1906).

Maine de Biran, par G. MICHELET, professeur à l'Institut catholique de Toulouse. 2e édit., 1 vol. **3 fr.**; *franco* : **3 fr. 50**

Gerbet, par Henri BREMOND. 1 vol. **3 fr. 50** ; *franco* : **4** fr.

Ketteler, par Georges GOYAU. 1 vol. : **3 fr. 50** ; *franco* : **4** fr.

DEMANDER LE CATALOGUE

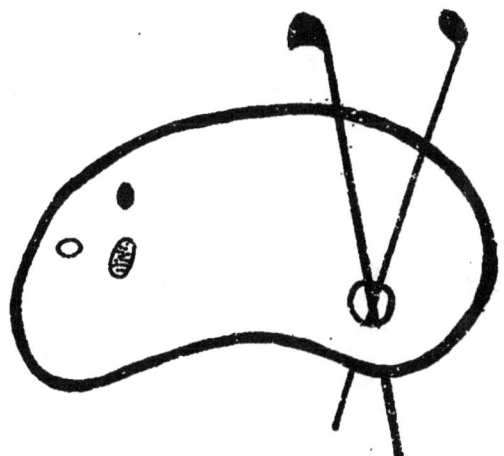

FIN D'UNE SERIE DE DOCUMENTS
EN COULEUR

Le Complot contre la Famille.

QUESTIONS DE SOCIOLOGIE

Le Complot contre la Famille

PAR

Georges NOBLEMAIRE

PRÉFACE DE M. ÉTIENNE LAMY

de l'Académie Française.

PARIS

LIBRAIRIE BLOUD & Cⁱᵉ

4, RUE MADAME, 4
1908

MÊME COLLECTION

PRÉFACE

———

À Monsieur Georges Noblemaire.

A notre époque féconde en complots imagi-
naires ou réels, vous dénoncez comme le plus
redoutable « le complot contre la famille ». Ni
votre intelligence amie des tâches utiles, ni
vos instincts survivants d'officier qui vous portent
droit aux points décisifs ne vous ont trompé.
Source d'où s'épand la continuité de l'espèce,
première école de l'être vivant, groupe par lequel
la société commence, la famille est la plus essen-
tielle des institutions humaines. Rien n'est compromis tant qu'elle reste saine, tout est menacé
dès qu'elle se corrompt.

Or un fait est certain : dans la nation française,
les naissances ne suffisent plus à réparer l'œuvre
de la mort.

Cette défaillance prépare le dépeuplement de la
contrée la plus favorisée par la nature, la décadence de la nation qui longtemps domina les
autres, le dommage du genre humain par l'épui-
sement du génie français.

Comme la même race qui cesse de se renouveler
en France se multiplie au Canada, sa stérilité
n'est pas organique, mais volontaire. Cette race
a été féconde en France tant que les mœurs et les
lois s'unirent pour fortifier les groupes sociaux
qui protégeaient l'individu. La famille, comme les

corporations, comme l'Etat, exigeait de ses membres quelques sacrifices. Elle diminuait l'indépendance de l'époux et de l'épouse qui s'unissaient pour toujours ; la liberté des enfants qui toute leur vie devaient obéissance au père et à la mère ; l'égalité des frères, puisque le privilège de l'aîné perpétuait le patrimoine héréditaire et le foyer où tous gardaient leur place.

La famille a été atteinte depuis que les mœurs et les lois se sont consacrées à l'émancipation de l'individu, et ce sont les lois qui dépravèrent les mœurs. Pour délivrer les époux, la Révolution établit le divorce. Pour délivrer les enfants, elle fixa à leur majorité le terme de leur obéissance, et, même durant leur enfance, déposséda de leur éducation le père et la mère. Pour délivrer les frères et sœurs, elle divisa entre eux par parts égales tout le patrimoine. L'ancien régime, par extrême sollicitude pour ce qu'on pourrait appeler les perpétuités sociales, avait outré les servitudes imposées aux personnes : la Révolution, idolâtre des personnes, ne s'inquiéta pas du tort que ses réformes préparaient aux institutions. Et son esprit, contenu sans être répudié par nos monarchies du xixe siècle, règne en maître sous la troisième République. Le partage forcé de tous les biens entre tous les enfants réduit en poussière la pierre du foyer, autrefois sacrée comme une pierre d'autel. Les isolements du travail et du plaisir font étrangers ceux qui vivaient autrefois dans la communauté de l'existence et des intérêts. La lutte de l'Etat éducateur contre l'influence familiale, la fin de l'autorité paternelle au moment où l'inexpérience ardente de la vingtième année tend son piège aux jeunes, ne permet pas à leur plus sûr ami de leur épargner les erreurs qui parfois gâtent toute la vie.

Ces innovations en dénaturant l'ancienne

royauté du père ont fait sa tâche plus ingrate.
Constituer un patrimoine pour que ses enfants le
divisent ; usurper s'il leur distribue sa fortune de
la façon le plus conforme au mérite de chacun et à
l'intérêt de tous ; se donner des successeurs néces-
saires, des créanciers intéressés par la loi à sa
mort, des élèves qui à peine hommes lui échap-
pent, et même enfants peuvent être déformés,
sous ses yeux et malgré lui, par les croyances les
plus contraires aux siennes, voilà beaucoup de
sacrifices et bien peu de récompenses. Ainsi
devient plus tentateur l'égoïsme quand il décon-
seille les servitudes familiales, recrute l'armée du
célibat, insinue à ceux qui acceptent encore la vie
conjugale d'en alléger le joug. Pourquoi l'indissolubilité du mariage, si toute l'œuvre du mariage
est fragile, si les enfants appartiennent à peine
au père et à la mère, si, après quelques années,
rien, pas même la maison des naissances, des
souvenirs, des morts et des douleurs, ne perpétue
la famille ? Conséquence de toutes ces fragilités,
s'offre le divorce.

Le divorce, vous l'avez montré, achève de détruire la famille. L'époux et l'épouse avaient,
pour seule compensation à toutes les épreuves,
la douceur de créer, avec chaque vie nouvelle,
une tendresse qui ne se détache plus d'eux. Ce
désir est détruit par le divorce. Dès que le mari
et la femme prévoient la fin volontaire de leurs
liens, leur souci commence de ne pas préparer
d'embarras à leur liberté future, de ne pas
traîner, s'ils deviennent étrangers l'un à l'autre,
les anneaux de la chaîne rompue. Les enfants
seraient ces anneaux. Ils rendraient plus difficile
au père de contracter une union nouvelle. Surtout
ils feraient tort à la mère, car ils perpétueraient
le souvenir que la jalousie masculine supporte le
plus malaisément, et rappelleraient aux préten-

dants que la femme désirée par eux a été possédée par un autre. Et dans la famille nouvelle, naufragés de la famille détruite, objets de discorde entre celui des époux auquel ils appartiennent et celui à qui ils sont étrangers, intrus pour les enfants du second mariage, les enfants d'un autre lit, orphelins d'un père ou d'une mère encore vivants, deviendraient pour tous un embarras et un reproche. Le remède est la stérilité des mariages. Plus le divorce devient facile, plus cette stérilité devient logique. Et toutes les raisons invoquées pour le divorce concluent à l'union libre. Dans cette dernière et fugitive rencontre où l'homme et la femme ne s'attardent plus que par le caprice de leur attrait, la survenance de l'enfant n'est plus qu'une maladresse, une maladie de neuf mois qui, rendant la femme inapte au travail et au plaisir, suffit à détacher d'elle son compagnon. Cette guerre à l'enfant, jusqu'ici secrète et comme honteuse, est aujourd'hui menée au grand jour et qualifiée de légitime. Vous citez l'audace de la propagande très infâme qui répand partout, même au fond de nos campagnes, les conseils et les recettes de la stérilité volontaire. Vous nombrez les succès obtenus par cet enseignement de mort. Leçon effrayante et salutaire à la fois, car elle contraint à reconnaître que l'idolâtrie de l'égoïsme individuel a pour dernier terme la destruction de la société.

Pour prévenir cette fin, vous voulez la suppression du divorce, le mariage indissoluble, et la restauration de l'autorité paternelle. Vous demandez aux lois de ne plus corrompre les mœurs grâce auxquelles la famille durant tant de siècles fut forte et fit la France forte. Vous invitez vos contemporains à accepter les gênes imposées à l'indépendance de chacun dans l'intérêt de tous. Vous montrez que les énergies civilisatrices de l'homme ne sont pas les émancipations effrenées de son moi pour son plaisir, mais la discipline généreuse, le courage de s'oublier souvent, de se sacrifier parfois. Sur ces vertus, en effet, sont établies non seulement la famille, mais toutes les institutions conservatrices du genre humain, et il s'agit pour nous de rendre notre obéissance à la loi universelle du monde moral.

Mais comment imposer à notre passion de bonheur personnel ces désintéressements ?

La sagesse de la terre n'a pas de réponse. La raison, tant qu'elle se borne à considérer la vie présente, ne sait pas donner tort à ceux qui, dans cette vie, songent à eux-mêmes. Seules les certitudes de l'au-delà, par la récompense promise de l'autre vie, paient tous les sacrifices demandés aux hommes dans la vie présente et concilient le désir du bonheur, qui est l'invincible instinct de notre nature, avec la loi d'holocauste qui fonde sur nos renoncements l'ordre de la société humaine. Les Français bien intentionnés et illogiques abondent qui voient notre décadence, la voudraient arrêter, mais n'acceptent pas d'être aidés et compromis par Dieu. Vous avez le courage de n'être pas de ceux-là, vous comprenez que Dieu est ici nécessaire, car nul que lui n'a droit d'ordonner et pouvoir d'inspirer la vertu. Les croyances religieuses ont, durant des siècles, maintenu la famille : elles seules la relèveront. Et plus se révèlent la diminution de notre race et les honteuses causes de sa stérilité, plus apparaît la certitude que la France redeviendra chrétienne ou ne sera plus.

ETIENNE LAMY.

LE

COMPLOT CONTRE LA FAMILLE

La trilogie que nos pères ont longtemps consi-
dérée comme le fondement de l'ordre social, qui,
a tout bien considérer, demeure la base la plus
ferme de toute société organisée, on la connaît
bien. Les termes en sont, chacun le sait : Religion, Propriété, Famille.

Le culte de l'une, le respect de l'autre, l'ordre
indissoluble de la troisième restent, Dieu merci,
dans de fort nombreuses consciences, inséparables
l'un de l'autre, inséparables aussi de la conservation sociale et de la puissance nationale. Par
contre, pour qui se soucie peu de sensibilité patriotique, pour qui veut détruire la société actuelle,
les digues à abattre les premières sont ainsi tout
naturellement désignées ; et, depuis de trop longues années, la religion, la propriété, la famille,
ont dû affronter leurs assauts, chaque jour plus
rudes et audacieux.

La lutte religieuse n'a jamais été plus ardente
et les haines, les violences, les injustices qui en
sont le triste cortège n'ont jamais été plus
criantes. Si l'attaque est hardie, la riposte n'est
pas moins vaillante, et la défense religieuse n'a
pas de spectateur plus attentif ni de soldat plus
dévoué que le lecteur habituel des études parues
dans la collection qui recueille ces modestes
notes. Le nom même qu'elle porte: *Science et*

Religion, dit avec quelle ferveur le cœur de ses fidèles a confié à leur raison la défense de leur foi. Tout ce qui s'y est écrit, depuis l'origine, témoigne bien qu'à leurs yeux le peuple de France serait bien malade le jour où l'on aurait réussi à ne lui laisser d'autre Dieu que son ventre.

La garde de la propriété, elle est aussi montée par eux, avec une vigilance clairvoyante à la fois et généreuse ; ce que l'on sait d'eux, de leurs préoccupations et occupations habituelles, de l'objet constant de leurs études et de leurs écrits, autorise hautement à dire que cette nécessaire et légitime défense du principe de propriété est conçue par eux, non point du tout comme la jalouse et âpre défense de privilèges égoïstes et démodés, mais comme la solution même des plus ardus problèmes sociaux. Et, bien loin de bouder contre la réalisation de réformes sociales dont les classes dites dirigeantes auraient dû, depuis longtemps, prendre l'initiative, c'est en prétendant faciliter à tous l'accès de la propriété, c'est en cherchant les moyens de faire de tout prolétaire un plus ou moins modeste propriétaire, que, hardiment, élégamment aussi, ils s'appliquent aujourd'hui à garder la propriété.

Comment, aux honnêtes gens et aux bons citoyens, la famille ne serait-elle pas plus chère encore? Quiconque a le cœur bien attaché sent bien que, là où est la famille, là est la suprême douceur et la force suprême. Quiconque a l'amour de la patrie a le culte du foyer. Quiconque a seulement du sens commun reconnaît d'instinct que la famille est la pierre d'angle de tout l'édifice social et qu'à la desceller on risque un écroulement total. Mais bien peu de ces braves gens imaginent qu'à défendre la famille, c'est-à-dire à se défendre eux-mêmes, ils doivent éprouver beaucoup de peine... Ces courtes pages sont faites pour leur

montrer qu'ils ont affaire, cependant, à plus forte
partie qu'ils ne croient.

Le mal n'est pas d'hier, mais il a pris depuis
hier une acuité extrême. Si la famille est bien, ce
qu'elle est en effet, l'autorité, le respect, la hiérarchie, l'esprit d'union et de sacrifice, il faut
convenir qu'elle est, aux jours où nous vivons,
rudement battue en brèche, car rien de tout cela
n'est aujourd'hui trop en honneur.

Depuis un siècle, tout le mouvement social
semble conspirer en vue de la désorganisation
même de la famille, cellule primitive de la société.
Les preuves n'en sont pas à faire ni à compter, le
relâchement des mœurs familiales saute véritablement aux yeux.

N'y voyons point un effet du hasard, le hasard
est socialement un mot vide de sens ; marquons-y
plutôt les progrès des ennemis naturels de la famille et de ses principes essentiels, reconnais-
sons-y l'action progressive et continue de l'individu d'une part, de l'Etat d'autre part.

Car il est infiniment curieux de devoir constater
que deux doctrines qui, habituellement, s'opposent
et se combattent, qui, sur le terrain politique, et
même social, paraissent si parfaitement dissem-
blables et incompatibles, se rencontrent ici pour
unir leurs efforts contre la famille et mener de
concert la guerre à la famille. Ainsi que nous
allons nous efforcer de le montrer en effet, l'histoire de la guerre à la famille, c'est, tout uniment
et uniquement, la constatation des envahisse-
ments, chaque jour plus téméraires, de l'*Individualisme* d'une part, de l'*Etatisme* d'autre part.

*
* *

Par quoi donc se caractérise le mouvement

social depuis un siècle, depuis ces dernières années surtout, sinon par une floraison maladive de l'individualisme ?

Et d'abord qu'est-ce que l'individualisme ?

Quelque chose, à coup sûr, d'assez malaisément définissable et qui, selon le sens où on le conçoit, peut, comme la langue d'Esope, être une fort belle ou une assez méchante chose.

S'il est le développement des libres initiatives et des libres efforts, s'il est la sage et féconde culture du « Moi », il est le plus admirable et le plus précieux moteur de notre activité, il contient en germe toute la dignité de la personne humaine. Mais s'il est ce qu'ici je veux dire, non plus la culture, mais le culte du « Moi », s'il est la priorité toujours accordée à l'intérêt particulier sur l'intérêt général, au droit sur le devoir, à la jouissance sur la vertu, son nom est lâcheté, égoïsme, stérilité, il est le pire des fléaux.

Les racines de cet individualisme, du mauvais individualisme, sont lointaines et profondes ; et les causes du mouvement individualiste, qui a pris aujourd'hui son plein essor, sont multiples et diverses.

La philosophie est la première coupable, ses théories ne sont pas neuves, elles sont aussi vieilles que l'égoïsme humain ; et, considérées sous cet angle, au point de vue de l'histoire des doctrines morales, les ennemis spéculatifs de la famille se peuvent ranger, l'on s'en souvient, en quatre grandes écoles.

Je voudrais bien ne pas remonter au déluge, ni me donner des airs de magister ressassant de fastidieuses humanités ; cependant ces doctrines comptent encore d'innombrables tenants aux jours mêmes que nous vivons ; et, comme tous ceux qui ont rejeté l'enseignement chrétien, et ne veulent plus entendre parler de charité ni de sacrifice, rattachent plus ou moins leurs égoïsmes ou leurs vanités à l'une des doctrines philosophiques en cause, il faut bien que je sois autorisé à les rappeler en quelques mots.

Ce que nous voyons d'abord ce sont les théoriciens de l' « **hédonisme** », qui ramènent la vie au seul principe du plaisir. — C'est Aristippe le premier qui proclame que « la sensation du plaisir est seule désirable », que « le bien est identique au plaisir et le mal à la peine », que « la sagesse pratique consiste donc dans l'art de jouir de l'instant présent, car le présent seul est à nous ! » — C'est Hégésias ensuite qui va plus loin, et, devant la difficulté reconnue d'atteindre le bonheur, en arrive à la possibilité, presque à la nécessité du suicide, complotant, lui, non seulement contre la famille, mais contre l'espèce même. C'est Epicure enfin, dont on connaît la classification des désirs, fondement d'une doctrine qui connaît encore trop d'adeptes, et qui, tranquillement, nous donne son fameux conseil : « Pour ce qui concerne le mariage et la paternité, la prudence vous conseille d'éviter les embarras et les soucis qu'ils entraînent. Consultez-vous bien vous-mêmes pour voir si vous êtes capables de supporter les incessantes querelles d'une femme acariâtre, les cris, les maladies et les mauvaises mœurs de vos enfants, en un mot tous les soucis et tous les tourments qui sont une conséquence de la famille... » Donc tenez-vous au célibat qui permet tous les plaisirs du mariage sans en avoir les inconvénients.

Après les adeptes de l'hédonisme, voici les **théoriciens** de la **perfection** et le plus fameux d'entre eux, Epictète, le stoïcien. « Souviens-toi, nous dit-il, que tu dois te comporter dans la vie comme dans un festin. — Un plat qui circule s'approche de toi, étends la main et prends modérément; s'il s'éloigne de toi, ne le retiens pas ; — sois ainsi pour le pouvoir, pour les richesses, ainsi pour ta femme, ainsi pour tes enfants, et tu seras digne du banquet des Dieux ! » Au surplus le sage vient-il à fonder une famille, son âme doit demeurer étrangère à l'union qu'il a formée. « Quelles que soient les choses qui te charment, connais-en bien la nature ; — si tu aimes un pot de terre, dis-toi bien que c'est un pot de terre que tu aimes, car s'il se casse tu n'en seras pas ému. — Quand tu embrasses ton fils ou ta femme, dis-toi bien que c'est un être humain que tu embrasses, et s'il vient à mourir, tu n'en seras pas troublé... » Individualisme pour individualisme, celui d'Epicure avait, du moins, des formes plus aimables...

En troisième lieu voici la longue théorie, s'avançant à travers les siècles, de ceux qui, depuis les **sceptiques** jusqu'aux **nihilistes**, pensent de la vie qu'elle est un accident sans principe et sans fin, une illusion vaine, l'ombre d'une ombre, que c'est donc vanité de la conserver, folie de la transmettre. Ils ne combattent même pas la famille, ils ne la connaissent pas, et leur indifférence ou leur systématique négation lui sont aussi directement nocives que les railleries ou les attaques des précédents.

Le **pessimisme** moderne enfin décourage et stérilise, par avance, illusions et efforts de quiconque voudrait tenter la fondation d'une famille. Léopardi, Harmann, Schopenhauer soutiennent que « la vie est une chasse où, tantôt chasseurs, tantôt chassés, les êtres se disputent les lambeaux d'une horrible curée; une histoire naturelle de la douleur qui se résume ainsi : vouloir sans motif, toujours lutter, toujours souffrir, puis mourir ; et ainsi de suite dans les siècles de siècles, jusqu'à ce que notre planète s'écaille en petits morceaux. » Si une telle théorie ne conduit pas, forcément et dans

tous les cas, au suicide, elle ne mène du moins pas
à la vie de famille ; et Schopenhauer ne mâche
point ses vérités au mariage qui n'est « qu'un
triste piège que la nature nous tend », qui
n'amène l'homme « qu'à perdre la moitié de ses
droits et à doubler ses devoirs ».

Voilà, n'est-il pas vrai, de bien redoutables ennemis de la famille ; si leurs conclusions sont iden-
tiques, leurs principes et leurs déductions ont
assez de diversité pour séduire, par quelque côté,
la faiblesse ou la vanité de l'esprit humain. — Et,
de fait, si nous en venons à considérer l'état actuel
de la question qui nous préoccupe, ceux qui ont,
depuis quelque cent ans, mené le mauvais combat
contre la famille rattachent plus ou moins l'exal-
tation maladive de leur individualisme à l'une ou
l'autre des quatre théories fondamentales que je
viens de rappeler.

C'est le mouvement philosophique de la fin du
XVIIIᵉ siècle ; c'est, avec les Encyclopédistes et
les Idéologues, l'éclosion du rationalisme, c'est
l'avènement de la philosophie agnosticiste et matérialiste. Et les fruits amers de ce verger embrous-
saillé d'idées sont : la critique de l'autorité sous
toutes ses formes, la critique des sources religieuses, la critique des sentiments religieux, la
théorie de la morale naturelle ; la révolte de
l'individu contre une société réputée mal faite ;
la démolition systématique enfin de la famille,
cellule élémentaire d'un organisme où tout est
critiqué, où tout est à refaire, puisque tout y gêne
l'expansion, seule reconnue légitime, du seul
individu.

Remarquons que toutes ces idées ont eu leur
répercussion dans le domaine des faits. Histori-
quement, ce sont elles qui ont fait la Révolution,
qui du moins l'ont fait dévier de sa belle et droite
route, et ont noyé les altruistes générosités de 89

sous l'individualiste flot de sang de 93. Dans tous les mouvements révolutionnaires du siècle passé, ce sont elles qui arment le bras des combattants; et ceux-là même qui, sous le soleil de Juillet, croient, le sourire aux lèvres, mourir pour la liberté, sont bien plutôt les glorieuses mais lamentables victimes des jalousies et des appétits individualistes.

Economiquement, les progrès et les transformations de l'industrie ont enfin puissamment activé la floraison de l'individualisme, ils ont constamment et continûment poussé l'individu dans la voie où les théories philosophiques l'avaient jeté.

Et, dès lors, l'individu nage en plein égoïsme : on a tué dans sa conscience la notion du Divin, il n'a plus désormais que des préoccupations humaines et égotistes ; on a systématiquement voilé le ciel à ses yeux, il marche désormais comme un être diminué, les yeux fixés à terre, incapable de voir plus loin que la toute petite ombre projetée sur le sol par sa pauvre et périssable personnalité ; il ne connaît son prochain que pour le suspecter, le jalouser ou le haïr ; la solidarité, qui lui est tant prêchée, n'est pratiquée par lui que dans la mesure où il espère recevoir, et il n'éprouve aucune joie à donner, surtout à se donner ; il ne connaît plus cette adorable merveille qu'est la charité chrétienne — tellement plus haute et plus belle que la simple justice, puisque, cette justice, il la doit à tous, même à ses ennemis, tandis que, par la charité, même ses ennemis doivent lui devenir chers — hélas ! la justice même, il ne la pratique envers les autres que pour la pouvoir plus âprement réclamer pour lui-même...

Et voilà ce qu'est l'individualisme malsain, premier élément de dissociation familiale ; voilà à quelle tristesse, à quelle stérilité, à quelle misère il aboutit. L'arbre est tout en germe dans la graine ; il n'était donc pas inutile de fixer un

instant nos regards sur la mauvaise semence d'où
sont issus de si grands maux !

* *
*

Nous venons de voir les **causes** essentielles de
l'individualisme.

Quels en sont maintenant les principaux **caractères ?** — Deux traits élémentaires doivent suffire
à les fixer : **besoin d'affranchissement** et **besoin
de bien-être.**

Le culte égoïste et exclusif du « moi » aboutit,
quasi nécessairement, à l'horreur de tout ce qui
est une prohibition, une prescription, une simple
gêne ; à la haine de toute espèce de joug, surtout
moral ; au reniement de toute tradition, à l'affranchissement de toute règle. — Comme la
famille est discipline, ordre, respect, la famille
est l'ennemie ; et ce besoin maladif, excessif,
presqu'universel, d'affranchissement est le plus
puissant moteur, l'élément le plus actif du complot
contre la famille.

Le besoin du bien-être, ou, comme dit le jargon
électoral, du « mieux-être », ne s'est pas moins
exaspéré depuis un demi-siècle. — On n'entend
parler que du droit au bonheur, du droit à la
beauté, du droit au plaisir. — On désaffecte les
couvents et les séminaires et l'on va fermer les
églises ; mais on ouvre des théâtres populaires et
des palais du peuple. Dieu nous garde de trouver
mauvais qu'on veuille orner l'esprit du prolétaire
et le convier à des fêtes d'Art où le Beau lui est
révélé ; mais pourquoi ne lui prêche-t-on plus
autant le Bien ? pourquoi ne lui dit-on plus autant
le Vrai, à savoir qu'il n'est point de droit sans

devoir corrélatif? Il semble, en vérité, aujourd'hui, que le seul devoir soit de travailler le moins possible, de jouir le plus possible, et pour cela de trouver bons tous les moyens offerts !

« Le caractère particulier du monde moderne, disait Stuart Mill, c'est que l'homme ne naît plus à la place qu'il occupera dans la vie, qu'il n'y est plus enchaîné par un lien indissoluble, mais qu'il est libre d'employer ses facultés et les chances favorables qu'il peut rencontrer, à se procurer le sort qui lui semble le plus désirable. » Certes voilà qui n'est point sans beauté ni sans grandeur, puisqu'en ces quelques lignes est enclos l'idéal même de notre moderne démocratie ; mais, au point de vue qui nous occupe, cet idéal n'est pas non plus sans danger pour les âmes mal trempées ou médiocrement généreuses. Car, avec cette égalité des plus modestes aux plus hautes destinées, si les hommes de haute qualité morale trouvent, dans la fondation, l'entretien et l'élévation d'une famille, un stimulant de plus, les autres, qui sont légion, n'y sauraient voir qu'une gêne et un poids mort. Pour brûler les étapes dans leur course au « mieux-être », ils ne se soucient point, ceux-là, de s'embarrasser de femme ni d'enfants. Et c'est de la sorte que cet universel et bien moderne besoin de jouissance complote aussi directement contre la famille.

Besoin d'affranchissement, besoin de bien-être, tels sont donc les traits caractéristiques du mauvais individualisme moderne. Comme nous sommes loin de la traditionnelle et forte trilogie chère à nos pères! « Religion, propriété, famille, » disaient-ils ? « L'individu tout seul, » leur répondons-nous ! Leur traditionalisme sage asseyait la pyramide sociale largement et solidement sur sa triple base. Notre individualisme fou la met en équilibre sur sa pointe. N'y a-t-il pas, désormais, plus de risques

qu'elle ne se renverse, et qu'elle ne nous écrase ?
Il faut être ou un insensé, ou un imbécile, ou l'un
et l'autre, un politicien, pour ne pas en convenir.

Est-il besoin d'ailleurs de faire remarquer que,
si cet individualisme ainsi exaspéré nuit directement à la famille, il trouve en lui-même son châ-
timent et ne parvient jamais à satisfaire même
l'individu ?

Avec cette conception hédoniste de l'existence,
avec cette tendance à faire de la recherche du
bien-être la fin même de la vie, l'homme en arrive
fatalement à courir après la jouissance, sans
jamais s'en rassasier, hélas ! sans presque jamais
l'atteindre. Quand il la saisit, par hasard, à peine
a-t-il eu le temps de la goûter, qu'il est déjà blasé,
qu'il en souhaite une autre, plus forte et plus
neuve, dont il se dégoûtera tout aussi vite. Qui
donc oserait soutenir qu'il soit, tout compte fait,
un peu plus heureux qu'autrefois ? qui donc niera
qu'il soit beaucoup plus nerveux, beaucoup plus
inquiet ? La criminalité augmente (elle a triplé
depuis cinquante ans), les suicides se multiplient
(il y en avait 3.000 en 1850, il y en a près de 10.000
en 1900) ; le mauvais individualisme détruit la
discipline, l'ordre et la beauté de la vie, il en af-
fadit la saveur, il va jusqu'à tuer la raison même
de vivre.

Et alors l'individu, défendu, malgré tout, contre
l'obsession du suicide par l'instinct de l'espèce,
cherche, autour de lui, quelque appui.

L'esprit de famille est mort en lui, il ne songe
donc pas à fonder un foyer, c'est-à-dire à s'en-
raciner, à croître et à fructifier ; comme il tend,
de plus en plus violemment, à ce qu'il appelle son
affranchissement, il commet, pour y parvenir, la
folie suprême : il fait appel à l'Etat ; et, tombant
de Charybde en Scylla, de l'*Individualisme* descend à l'*Etatisme*.

*
* *

Nous avouons détester plus encore celui-ci que
celui-là. L'un a du moins la noblesse de l'initiative et la fierté du libre effort, l'autre est tout
uniment stérile, décourageant et lâche, il est
l'abdication de la conscience, et la désertion de
la volonté, il est l'aboutissant inévitable de la
conspiration menée contre nos plus anciennes et
nos meilleures traditions nationales, il est, si l'on
n'y prend garde, la fin de la race.

Quand il est empoisonné par l'Etatisme, quand
il en est tombé à ce point que tout labeur et tout
effort individuel l'ont lassé par avance, que le
sentiment de la dignité et de la liberté person-
nelles lui est devenu étranger ou indifférent, le
citoyen fait un appel si pressant et si répété à
l'intervention de l'Etat qu'il en arrive, peu à peu,
à ne se soustraire à un joug, le plus souvent moral, que pour se plier à un joug matériel beaucoup
plus dur. Il ne s'évade de l'idéaliste domaine de
la Religion et de la morale que pour se mettre
sous le matérialiste empire de l'Etat. Il déteste la
contrainte morale de l'Eglise, mais il accepte, il
recherche même le servage étatiste de l'administration gouvernementale, ou de l'officieuse organisation des loges ; il ne demande plus l'absolu-
tion à son curé, mais c'est à son « délégué » que,
désormais il va demander des indulgences...

Il ne veut plus des charges ni de la discipline
de la famille, où il est cependant le maître,
responsable, mais souverain ; par contre, il subit,
il appelle même la tyrannie de l'officiel syndicat
rouge où il est l'esclave anonyme, irresponsable,
quasi inconscient. Nous dénonçons ici la plus forte

aberration que l'esprit national ait jamais connue ; et contre cette marée de l'insolent Etatisme nous n'élèverons jamais de digues assez robustes, car tout ce qui faisait la richesse, la fierté, la liberté, la vertu de l'âme française menace par là d'être submergé.

Dans cette guerre contre la famille qui sollicite plus spécialement nos attentions, ces prétentions de l'Etatisme à l'ingérence universelle et à l'omnipotence devaient être dénoncées comme souverainement périlleuses. Car, non seulement il est vrai de dire que, moins l'État aura d'attributions, plus les citoyens auront de libertés, mais encore il est loisible d'affirmer que plus l'Etat s'arrogera de droits et moins il en laissera à la famille.

Un exemple entre mille doit suffire à prouver cette assertion, exemple plus spécialement familier aux *parents* conscients de leurs devoirs et soucieux de leurs droits, puisque le problème de l'enseignement est sans nul doute celui qui les inquiète le plus, celui où l'Etatisme affirme le plus insolemment ses prétentions, directement dressées contre eux et contre leurs libertés. Et sans nul doute aussi l'Etatisme doit leur paraître là plus odieux que partout ailleurs, puisque, ce qu'il prétend leur prendre, c'est l'esprit même et la conscience de leurs enfants. Comment ne pas avouer qu'il est ainsi le pire ennemi de la famille ? Et quel est le père, quelle est surtout la mère, qui ne le détestera point, cet Etatisme-là ?

Que l'on veuille bien réfléchir, en outre, que l'Etatisme n'est qu'une étape vers le socialisme intégral. Or le socialisme, il ne s'en cache pas, n'a cure de la famille traditionnelle. Ennemi déclaré de la propriété, qui suppose l'initiative, la dignité et l'effort individuels, en même temps que l'ordre et la hiérarchie, comme il est l'ennemi de la religion qui enseigne la résignation et le sacrifice, il ne peut aimer d'une extrême tendresse ce qui ne s'édifie que par le patient effort, l'ordre discipliné et l'émulation dans le sacrifice, il ne peut tendre qu'à détruire le foyer familial. Il cherche, pour établir le règne souverain de l'Etat, à isoler chaque jour davantage l'individu de la famille. On n'aura donc pas de peine à admettre que, de la conception absolutiste de l'Etat moderne, la famille moderne ait tout à redouter, et que, dans cette lutte *pro aris et focis* qu'il nous faut mener sous peine d'irrémédiable déchéance, dans cette guerre à la famille dont nous venons de tenter de rappeler les origines et les caractères essentiels, l'Etatisme soit peut-être l'ennemi le plus rude à combattre.

S'il est permis, avant de poursuivre, de récapituler sommairement la première partie de cette modeste étude, on voudra bien se rappeler que nous avons sommairement défini, d'une part l'*individualisme,* ses causes, ses caractères, ses erreurs ; d'autre part l'*Etatisme,* ses ambitions et ses dangers.

Il faut que nous voyions maintenant *de quelle manière* ces deux facteurs, l'individu et l'Etat, ont conspiré contre la famille, et quelles manifestations, sociales ou morales, se présentent à nos yeux, du complot qu'ils ont noué dès longtemps et qu'ils continuent de mener contre elle.

*
* *

Besoin d'affranchissement individuel — soif de jouissance — appel en toute circonstance à la tutelle de l'Etat — nous allons voir que les effets, si directement déprimants pour la famille, de ces trois causes primordiales, se sont exercés ou s'exercent, soit simultanément par action directe ou réflexe, soit séparément, sur l'homme, sur la femme et sur l'enfant, et qu'en définitive tous les coups portés à l'une ou l'autre des trois parties en cause retombent indistinctement et fatalement sur la famille.

Il va sans dire que dans cette revue, menée tambour battant — car les limites de cette étude sont par définition fort étroites — nous ne pourrons que signaler au passage les plus considérables ou les plus désolantes parmi les ruines déjà consommées. Devant chacune d'elles il faudrait s'arrêter, car chacune mérite de longues réflexions. Ces réflexions s'imposeront d'elles-mêmes à la sagacité du lecteur, nous voudrions seulement les suggérer ici et les indiquer comme sans doute les plus urgentes de l'heure actuelle.

Ce que nous constatons tout d'abord, c'est *le déclin de l'autorité paternelle* amenant inéluctablement le relâchement du lien familial et la dissociation de la famille.

Si l'étymologie n'est pas un vain mot, quand nous nous demandons à qui doit revenir, en tout premier lieu, l'autorité sur les enfants, elle nous répond que c'est à leur auteur. Autorité, auteur : il ne devrait pas manquer d'exister entre les idées et les mots la plus étroite liaison. Nous ne pouvons cependant nous empêcher de constater que la liaison, si elle existe encore, est de nos jours singulièrement relâchée !

Cette autorité du père de famille fut jadis absolue, sans limite, sans réserve, sans contrôle, c'est-à-dire tout à fait excessive ; elle est aujourd'hui limitée de toutes parts, contrôlée en tous points, contrecarrée de toutes manières, et c'est l'excès contraire !

Dans la Rome ancienne, le père était souverain absolu à son foyer, il y était le maître de la vie et de la mort de tous ceux qui l'habitaient, et la loi civile ne pouvait franchir le seuil de sa demeure ; l'enfant, en particulier, était la propriété de son père, il ne possédait rien en propre tant que son père vivait, il ne se possédait pas lui-même et pouvait être livré ou vendu comme une tête de bétail ou d'esclave... Personne ne saurait souhaiter la résurrection d'un pareil régime, et, comme toutes les autocraties, l'autocratie paternelle n'a plus sa place dans le monde moderne.

Elle a d'ailleurs, au cours de notre histoire, été battue en brèche par d'autres autocraties. Si, dans la France médiévale, l'absolue rigueur du droit d'aînesse, par exemple, le bras séculier mis en toute occasion à la disposition du pouvoir paternel, tant d'autres traits de lois ou de mœurs que nous pourrions citer, témoignent que le père de famille était alors, comme le capitaine d'un navire, après Dieu maître à son bord, par contre, depuis Charles VII jusqu'à Louis XIV, timidement d'abord, résolument ensuite, oppressivement enfin, l'intervention royale ou étatiste se manifesta, restreignant la liberté du père et mutilant son autorité. Fénelon ne craint pas de faire dire à son Mentor que « les enfants appartiennent moins à leurs parents qu'à la République ». Louis XIV promulgue le monstrueux édit qui arrache les enfants protestants à leurs parents, lesquels « se trouvant engagés dans l'hérésie, ne pourraient faire qu'un mauvais usage de l'autorité que la nature leur donne pour l'éducation de leurs enfants ».

Le libéralisme de la Révolution à son aurore remet, théoriquement, toute chose à sa place, et les rênes du gouvernement familial entre les mains du père de famille ; le jacobinisme de la

Terreur guillotine la liberté et l'autorité du père. L'histoire du dix-neuvième siècle est celle d'une lutte longue et acharnée, non point pour ressusciter cette liberté et cette autorité meurtries, mais pour les confisquer au profit des partis et des régimes successivement au pouvoir. Et c'est ainsi que nous arrivons au temps même où nous sommes et qui marque le déclin presque fatal d'une autorité tout à fait nécessaire.

Ce sont les mœurs, beaucoup plus que les lois, qui sont responsables de ce déclin; *les lois* cependant ont enregistré les reculs successifs de la puissance paternelle. Quelques-unes, disons-le tout net, sont acceptables et sages, et rien n'est plus judicieux que les nombreux textes qui, suivant les mœurs et s'y adaptant, se sont successivement introduits dans nos codes pour y apporter plus de douceur et de justice.

Toute une série de lois sur l'organisation des Caisses d'épargne, sur les assurances, sur les mutualités, autorisent les mineurs à entrer dans ces sociétés, à y verser ou à en retirer des fonds sans l'autorisation des parents. La législation nouvelle du travail, protégeant l'enfant contre la rapacité de certains patrons, le défend aussi contre la rudesse trop intéressée de certains parents. La simplification des formalités du mariage et la possibilité d'enfreindre le veto paternel ont souvent fourni à la liberté individuelle un refuge bienfaisant contre des abus d'autorité ou des erreurs injustifiées. La loi de 89 enfin prononce la déchéance de la puissance paternelle venant s'ajouter aux peines qui frappent les parents indignes ou coupables; les parents frappés de certaines condamnations de droit commun ou de droit criminel, convaincus d'inconduite ou d'ivrognerie habituelles, sont radicalement, et presque toujours irrévocablement, déchus de leur autorité et privés de tous droits sur leurs enfants.

Toutes ces lois témoignent que le père et la mère ne sont plus aujourd'hui des maîtres absolus, que l'autorité paternelle n'est plus un pouvoir autocratique ; voilà le fait contre lequel rien ne saurait prévaloir, contre lequel, avouons-le, il est inutile et serait déraisonnable d'élever des protestations ou de formuler des regrets.

Mais réglementation n'est pas abolition, limitation n'est pas suppression, et il n'aurait pas dû être permis d'aller plus loin.

A cet égard, l'ensemble des lois, des décrets et des ordonnances qui constituent les « lois scolaires » de la troisième République, a gravement entamé le pouvoir du père de famille. C'était pourtant une grande œuvre que celle qui prétendait répandre parmi les enfants du peuple l'inégalable bienfait de l'instruction ; mais cette œuvre ne saurait mériter notre reconnaissance et notre admiration que dans la mesure où elle a respecté la liberté des citoyens, les convictions et la volonté du père de famille. Il peut se faire que la neutralité parfaite fût une utopie, et que ce fût trop demander à l'instituteur que d'oublier absolument, dans sa chaire, ses sympathies d'homme privé, ses convictions ou même ses préjugés ; mais véritablement il a trop oublié les uns et les autres, et c'est une intolérable meurtrissure qu'il a infligée à l'autorité paternelle chaque fois qu'il a directement combattu à l'école l'enseignement que l'enfant recevait au foyer. Hélas ! il ne s'en est pas fait faute !

Et ce qui, sur ce terrain, a été fait jusqu'à présent, n'est rien à côté de ce qu'on médite de faire. — Exproprier complètement les parents, faire donner par l'Etat un enseignement obligatoire et uniforme, promulguant des dogmes laïques et une vérité officielle, lui remettre par

surcroît le soin de l'éducation auquel il est essen-
tiellement impropre, voilà ce qui est en germe
dans les projets imminents sur l'enseignement
public. — C'est la négation même et la définitive
destruction de l'autorité paternelle.

Nous nous sommes plus spécialement attachés
à cette question de l'enseignement, parce que
d'une part elle est tristement actuelle, parce que
tout l'homme est d'autre part en germe dans
l'enfant, et que la France de demain est fondue
tout entière au creuset de l'Ecole d'aujourd'hui.
Il ne serait pas plus difficile de suivre sur d'autres
terrains les assauts livrés au pouvoir paternel,
nous croyons superflu d'y retenir l'attention du
lecteur, l'exemple choisi est assurément de tous
le plus frappant.

Les lois d'ailleurs ne seraient pas ce qu'elles
sont ou ce qu'elles vont être si les mœurs ne leur
avaient frayé le chemin, et ces mœurs décèlent
un véritable relâchement du lien familial. L'on a
imaginé, depuis quelques années, de nous rebattre
les oreilles avec cette fausse nouveauté, cette
exhumation maquillée, qui s'appelle la revendica-
tion des « Droits de l'Enfant ». Comme si ces
droits n'avaient pas, depuis seize siècles, été
reconnus, définis et proclamés par Celle-là même
contre qui l'on fait mine de les revendiquer aujourd'hui ! Comme si l'Eglise catholique, recueil-
lant dans son manteau l'enfant païen abandonné
nu aux bêtes, n'avait pas la première prouvé, à
la fois, qu'elle reconnaissait ce fameux droit de
l'enfant et qu'elle en précisait la vraie nature, en
montrant, par son geste même, que ce droit était,
sans plus ni moins, le « droit à la vie ». Sous prétexte de « droit à la vérité », les puissants du
jour, ne comprenant pas ou ne voulant pas comprendre qu'ils diminuent et décapitent les vrais
droits de l'enfant, courent joyeusement le risque

de faire de l'enfant un rebelle et de le dresser en révolté contre la légitime autorité de ses père et mère. De même que le socialiste Fournière, instruisant le procès de ses coreligionnaires, avait naguère le courage de dire : « Nous ne nous sommes pas attachés à instruire les ouvriers, mais à les mécontenter et à les surexciter. Nous n'avons pas voulu leur apprendre à se conduire eux-mêmes, mais prétendu les conduire...» de même les théoriciens du jacobinisme enseignant devraient faire leur meâ-culpâ, et de même, devant l'accroissement de la criminalité générale, devant l'invasion de la rue par des apaches en herbe, devant le véritable anarchisme qui ravage les cerveaux des enfants du peuple et qui arment leurs bras, ils devraient comprendre la criminelle folie qu'ils ont commise en laissant les instituteurs ne pas s'attacher à *instruire* les enfants, mais bien à les mécoutenter et à les *surexciter*. Les droits de l'enfant n'existent point si on ne leur enseigne, en même temps, les devoirs corrélatifs. En négligeant l'enseignement de ces devoirs, en laissant s'affaiblir au sein même de la famille, là où elles sont le plus indispensables, ces notions du devoir, de la discipline, de la hiérarchie, du *respect,* qui paraissent, hélas ! n'avoir plus leur place dans la société contemporaine, en détruisant l'autorité paternelle en un mot, on a descellé les fondations de la maison commune, et désormais tous les écroulements sont possibles.

⁂

Le *Féminisme* doit être maintenant évoqué, ou plutôt ses erreurs et ses excès, qui peuvent sans nul doute faire beaucoup de mal à la famille.

Ici, il convient de s'entendre, et, si les revendications féministes savent demeurer raisonnables, de ne pas plus les détester que les trop exalter, de ne surtout pas les combattre par des arguments de *vénusté* qui seraient assez déplacés et ridicules.

Rien de moins sérieux en effet que le raisonnement qui dénonce un crime de lèse-nature et de lèse-beauté à la charge de quiconque prétendrait viriliser un être tout de grâce, de faiblesse et de charme. La grâce et la beauté ne sont pas dévolues à toutes ; chez aucune, elles ne durent aussi longtemps que la vie et ses difficultés ; et, dans tous les cas, nul ne saurait trouver mauvais que tant de faiblesse cherche à s'armer un peu contre tant de duretés, et que la poésie un peu naïve des contempteurs du féminisme n'apparaisse, aux prudentes féministes, comme tout à fait niaise devant cette prose assez rude qu'est trop souvent la vie.

Aussi ne nous étonnons point des ambitions féministes et reconnaissons leur part très réelle de légitimité. Constatons aussi leur extrême vitalité au cours du siècle.

Depuis la déclaration des droits de la femme portée à la Constituante par Olympe de Gouges, depuis les étonnantes aventures de Théroigne de Méricourt et de Rose Lacombe, depuis les clubs révolutionnaires féminins, les émancipatrices du sexe dit faible n'ont point cessé d'agir (1). En

---

(1) 1789-93. — Nombreuses sont les réunions de femmes revendiquant les droits politiques. — Nombreux Clubs de femmes révolutionnaires : « Société des femmes républicaines et révolutionnaires. » — « Les Amies de la Constitution », etc...

Id. — Mme Kéraglio fonde le *Journal de l'Etat et du Citoyen* (féministe).

9 brumaire. — La Convention interdit les Clubs de femmes.

France, en Angleterre, en Suède, aux Etats-Unis,
elles ont réclamé l'égalité civique et politique ;
heureusement pour nous, elles ont évolué, et les
temps ne sont plus où l'on applaudissait Elisa
Farnham écrivant que les « hommes, race gros-
sière et brutale d'usurpateurs, doivent céder la
domination aux femmes, parce que les femmes
sont plus parfaites que les hommes, et parce que,
en somme, la femme est à l'homme ce que
l'homme est au gorille ». Cela, c'était le féminisme intégral ! Il a fait son temps, et, après
avoir beaucoup nui à la cause, a cédé la place aux
possibilistes, aux opportunistes, aux centres,
gauche ou droit, du féminisme, qui ont fort heureusement réussi à montrer ce qu'il y avait d'ab-
surde et d'injuste dans la situation humiliée que

1830. — Reprise du mouvement féministe. Les théories Saint-
Simoniennes ; le Socialisme. — Le roman de G. Sand.
1836. — Mme Poutret de Mauchamps fonde la *Gazette des
Femmes*. — Janin, Chateaubriand, Laboulaye sont partisans de l'é-
mancipation. A cette époque, pétition à Louis-Philippe pour obtenir le
suffrage politique des femmes. (*La condition civile et politique des
femmes*, de LABOULAYE. — *L'histoire morale des femmes* de
LEGOUVÉ).
1848-51. — Deux tentatives sans succès pour obtenir l'électorat
politique (avec V. Considérant).
Fourier (en 1848) et P. Leroux (en 1851).
Féministes de cette date : Jeanne Deroin, Eugénie Niboyet, Flore
Tristan ; elles fondent des Sociétés et des journaux tels que : *La
Politique des Femmes, l'Opinion, la Voix de la Femme*, etc...
Fondation des sociétés : les Icariennes, les Vésuviennes, les Bloo-
meristes, — toute une littérature et beaucoup de caricatures.
Deuxième Empire. — Maria Deraismes et Louise Michel très actives
à partir de 1869.
1872. — Mlle Danbé crée l'Association pour l'émancipation pro-
gressive des femmes.
1876. — Fondation de la Société pour « l'Amélioration du sort de la
Femme », par Mme Deraismes, Mme Griess-Trant, Mlle Hubertine
Auclerc. — Mme Cheliga Lewy fonde l'Union universelle des
femmes. — Mme Vincent : l'Egalité. — Mme Potonié-Pierre : la
Solidarité.
1878. — Premier Congrès féministe, sous la présidence de Léon
Richer.
1880. — Adhésion de E. de Girardin (« l'Egale de l'homme »), puis
de Dumas (« les Femmes qui tuent et les Femmes qui votent »).
Depuis, toutes sortes de pétitions à la Chambre et au Sénat, et un
mouvement d'opinion irrésistible, en même temps que l'accession de
plus en plus nombreuse des femmes aux carrières libérales.

la loi de l'homme faisait à une compagne à la fois très choyée et un peu dédaignée.

Le Féminisme sage et progressif, soutenu par un nombre toujours croissant de groupes féminins (1) et par toute une littérature, a aujourd'hui triomphé, et tous les bons esprits s'en réjouissent. Mais qu'il n'abuse pas de son triomphe ! S'il ne savait modérer ses ambitions, c'est la famille, en effet, qui devrait en pâtir la première.

S'il est excellent, par exemple, que le mouvement législatif tende aujourd'hui à donner à la femme une participation de plus en plus active et une liberté de plus en plus grande dans l'administration des biens de la communauté conjugale, il serait par contre déplorable pour la famille que la gestion de sa fortune fût confiée à

---

(1) Principales Sociétés et Publications féminines :
« Société pour l'amélioration de la femme. » — 1880. — Mme Deraismes.
« Ligue pour le droit des femmes. » — 1882. — Mme Pognon.
« Union nouvelle des femmes. » — 1890. — Mme Cheliga-Lœvy.
« Solidarité. » — 1891. — Mme Potonié-Pierre.
« La Femme Chrétienne. » — 1896. — Mlle Maugeret.
« L'Avant-Courrière. » — 1896. — Duchesse d'Uzès.
« L'Egalité. » — 1896. — Mme Vincent.
— Journal *La Fronde*. — 1897. — Mme Durand de Valfère.
La Femme contemporaine, 1902, revue internationale des intérêts féminins. — On connaît les groupements féminins, si admirablement multipliés en ces dernières années, qui concourent tous au relèvement social et moral du pays, et qui, dans la guerre à la famille, repoussent, vaillamment toujours, victorieusement parfois, les assauts de l'individualisme, du matérialisme, de l'Etatisme, du socialisme et de tous les ennemis de la famille.
L'Union Familiale (Mlle Gabéry.)
La Ligue sociale d'Acheteurs (Mmes Klobb, Brincard, de Contenson, Brunhes).
La Protection de la Jeune Fille (Mme de Montenach, Mme Déglin, Mme Bérenger).
L'Action sociale de la Femme (Mme Chenu).
L'Ecole Ménagère (comtesse de Diesbach).
Le Syndicat de l'Aiguille (marquise de Saint-Chamans).
Le Travail au Foyer (Mlle de Marmier).
Le Foyer (Mme Thome).
La Presse pour Tous (Mme Boursier).
L'Union Mutualiste des Françaises (comtesse de Kersaint).
L'Œuvre des Congrès Jeanne d'Arc (Mlle Maugeret), etc...
(Voir le livre *Françaises*, publié par l'Action Populaire de Reims).

des époux qui, dans une mesure quelconque, ne fussent plus, pour le moins, des « associés ».

S'il est légitime que la femme travaille et par son travail contribue à l'entretien de la famille, il serait fâcheux que le foyer fût absolument déserté pour l'atelier. Il y a aujourd'hui en France, six millions de femmes qui travaillent hors de chez elles ; est-il bien sûr que ce labeur extra-familial ait, au point de vue des intérêts de la communauté, le rendement maximum?

La différence de salaire entre l'homme et la femme peut être une injustice, elle est un fait, et un fait fâcheux pour la famille, car elle provoque l'abaissement des salaires, avive la concurrence entre la main-d'œuvre féminine et la main-d'œuvre masculine et remplace par la femme, que l'on paie moins cher et qui déserte le foyer, l'homme que l'on payait davantage et qui ne déserte pas le cabaret.

Un puissant syndicat mixte de Roubaix a démontré, preuves et chiffres en mains, qu'une mère de deux enfants servait mieux les intérêts des siens en demeurant chez elle qu'en allant à l'usine, l'économie de la ménagère compensant et au delà le salaire de l'ouvrière ; et de fait, d'un consentement unanime, dès son deuxième enfant, chaque ouvrière roubaisienne quitte l'atelier pour n'y plus revenir. Voilà de sage et fécond féminisme.

De même tout est à louer dans l'action féministe qui tend à obliger l'ouvrière enceinte à quitter l'atelier un temps suffisant avant de devenir mère (1) et à ne le réintégrer que suffisamment

(1) Le surmenage de la mère cause très fréquemment l'atrophie des enfants et leur mort prématurée.

D'un rapport du professeur Picard, nous extrayons les chiffres suivants:
Poids moyen, à leur naissance, de 500 enfants dont les mères avaient:
1° travaillé jusqu'au moment de l'accouchement..... .... 3.010 gr.
2° séjourné à l'hôpital de dix jours à un mois avant
   l'accouchement... 3.220 gr.
3° séjourné à la clinique au moins deux mois avant l'accouchement... 3.366 gr.

longtemps après la naissance de l'enfant, tout en lui procurant pendant ce temps de chômage des secours dus soit à l'assistance publique (1), soit à l'organisation rationnelle de la générosité privée (2).

Tout à fait dignes d'admiration sont aussi les efforts des groupements féminins tendant à prodiguer les encouragements au mariage. Si, en effet, la rude inégalité des dons de la nature n'a pas créé que des Circés, elle a pourtant permis à toutes les femmes, ou à presque toutes, de devenir des Aurélies ; la nécessité où sont la plupart des femmes de gagner le pain quotidien n'implique aucunement le célibat, quoi qu'en puissent dire les outrancières du féminisme ; et la fonction naturelle de la femme demeure toujours la maternité. Louons donc grandement les sociétés qui, comme celle de « Saint-François Régis », facilitent et régularisent le mariage des pauvres, les ligues qui poursuivent la simplification des formalités du mariage et la diminution des frais qu'il entraîne, les groupements qui, à l'exemple de la « Société du mariage civil » et de l' « Union » comptent par milliers les légitimations qu'ils ont poursuivies et obtenues.

Ne cherchons point d'autres exemples. Ceux

Poids moyens en grammes, au jour de la naissance, d'enfants dont les mères étaient dans les conditions ci-après définies :

	Primipares	Pluripares
Femmes ayant travaillé *debout* jusqu'à la fin de la grossesse	2.931 gr.	3.116 gr.
Femmes ayant travaillé *assises*	3.097 gr.	3.303 gr.
Femmes *s'étant reposées* deux mois	3.291 gr.	3.457 gr.

(1) Proposition de loi Constant Dulau, sur la protection de la mère et du nouveau-né.
Lois Roussel-Straus-Piot, etc., sur la protection des mères de famille.

(2) Assistance maternelle à domicile (Briey-Salins-Longwy, etc., Secours à domicile. Refuges, ouvroirs, etc.

qui précèdent montrent assez que c'est au féminisme sage qu'il faut en appeler des erreurs ou des excès du féminisme outrancier. Et, puisque c'est plus spécialement la famille qui nous occupe ici, ce sont les femmes elles-mêmes qui doivent défendre la famille contre les abus du féminisme, contre une concurrence imprudente qui avilit ou supprime le salaire masculin, contre l'infécondité qu'amène la mauvaise hygiène ou la dure vie de l'atelier, contre l'abandon du foyer par la mère, c'est-à-dire l'extinction dans le ciel familial du soleil qui réchauffe et éclaire, contre le peu de vocation, le dégoût même pour la création d'une famille, contre les habitudes ou les manies de célibataire, contre l'envahissement du troisième sexe, du fameux sexe neutre, qui, on l'avouera, et par définition même, entre bien pour sa part dans le complot contre la famille !

En résumé, s'il est un bon féminisme, s'il est des initiatives féminines admirablement fécondes, la raison même de cette bonté et de cette fécondité est, toujours et partout, la famille, leur objectif unique doit être le bien de la famille. — Hors de là, tout est vain, tout est dangereux. — « Plus les femmes voudront nous ressembler, disait Rousseau, moins elles nous gouverneront ; et c'est alors que nous serons vraiment les maîtres. » En vérité, s'agit-il donc de préséance ou seulement d'égalité ? qu'importe donc que l'un ou l'autre soit le maître ? la question, n'en déplaise aux « suffragettes », n'est pas du tout là. Le féminisme est mauvais ou bon, selon qu'il nuit à la famille ou selon qu'il la sert ; le criterium doit être infaillible ; et, si d'aventure il ne l'était pas en tout cas, si parfois la raison de l'homme hésitait, le cœur de la femme, lui, ne s'y tromperait pas, et ce serait bien là, en définitive, la plus belle victoire du féminisme !

*
* *

— Après le féminisme, le divorce.

Là encore, il n'y a que l'embarras du choix pour dénombrer les plaies faites à la famille par ce qu'un récent délégué à la guerre appelait l'une des institutions fondamentales de sa République.

Les progrès de la philosophie rationaliste, poussant l'individu à la recherche du seul bonheur, devaient en arriver à ne reconnaître dans le mariage qu'un simple contrat toujours révocable.

L'affaiblissement des idées religieuses y devait aider puissamment ; et, de fait, la fortune du divorce a toujours été liée en France aux fluctuations du sentiment religieux. Comme ce dernier apparaît en ce moment assez languissant, le divorce fleurit à proportion. En 1886, il y avait 3.000 divorces, en 1900, il y en eut 7.000, il y en a, en 1906, plus de 10.000 ; on voit avec quelle rapidité et quelle progressivité le mouvement s'est précipité.

Rien ne saurait être plus topique à cet égard que le tableau (1), donnant la statistique des séparations de corps et des divorces au cours des cinquante dernières années.

Il y a cinquante ans, la rupture, alors réparable, du lien conjugal ne se reproduisait que 1.500 fois au cours d'une année ; l'année dernière ce lien se rompait plus de douze mille fois, soit huit fois plus. Est-il très inexact ou très injuste de pré-

(1) Extrait du livre de M. Paul BUREAU, *La Crise morale des temps nouveaux*. (Voir page 38.)

tendre que la moralité publique a baissé d'autant
et la famille française souffert d'autant?

Tout a été dit sur la condition lamentable des

ANNÉES	Separations de corps Affaires jugées.	Divorces enregistrés à l'état civil	Totaux des divorces et séparations de corps
1850-55...........	1.529	»	»
1856-60...........	1.913	»	»
1861-65...........	2.395	»	»
1866-70...........	2.833	»	»
1871-75...........	2.647	»	»
1876-80......... .	3.264	»	»
1884	»	1.657	»
1885	2.910	4.227	7.137
1886	3.017	2.950	5.967
1887	2.549	3.636	6.185
1888	2.170	4.708	6.878
1889	2.194	4.786	6.980
1890	2.041	5.457	7.498
1891	2.059	5.752	7.811
1892	2.094	5.772	7.866
1893	2.171	6.184	8.355
1894	2.405	6.419	8.824
1895	2.446	6.751	8.197
1896	2.586	7.051	9.637
1897	2.657	7.460	10.117
1898	2.859	7.238	10.097
1899	2.941	7.179	10.120
1900	2.994	7.157	10.151
1901	3.018	7.741	10.759
1902	2.281	8.431	10.712
1903	2.320	8.919	11.239
1904 (1)...........	»	9.860	»
1905	»	10.019	»

(Note: les années 1850-80 sont des Moyennes quinquennales.)

(1) Le nombre des séparations de corps n'a pas été relevé depuis 1904.

Le divorce est fréquent surtout dans les grandes villes :
En 1906 : 2.618 divorces dans la Seine, dont 1.891 à Paris.
Fréquent surtout dans le monde ouvrier ;

enfants de divorcés ; la seule année 1906 qui, à
Paris seulement, a vu jeter au vent les cendres de
1.891 foyers éteints, a précipité sur cette misère,
pire que le pavé de la rue, plus de 3.000 petits
parisiens.

Comment, en dehors de toute question de
dogme et de toute préoccupation confessionnelle,
ne pas admirer, devant des constatations aussi
désolantes, la sagesse du livre évangélique qui,
affirmant l'indissolubilité du lien conjugal, se
révèle, là mieux que nulle part ailleurs, le plus
merveilleux et le plus sage des codes sociaux
que l'humanité ait jamais connus !

Si l'on s'en était tenu à ce que le législateur
laïque avait voulu, c'est-à-dire à dénouer, pour le
moins mal, des situations par ailleurs inextri-
cables, et à ne séparer qu'à la faveur d'exceptions
rares et dûment motivées ce que les plus solennels
des serments ont uni, le divorce, serait demeuré
toujours inadmissible et injustifiable en son principe, mais il eût été difficile et exceptionnel, en-
touré de garanties sévères, et, de la sorte, dé-
sordre moral en tout cas impardonnable, il eût pu
être une plaie sociale moins maligne et moins
profonde.

On ne peut oublier qu'au cours des débats de
1884, fut maintes fois répétée cette affirmation
qu'il s'agissait seulement de liquider d'anciennes

1885 : 889 divorces dans la classe ouvrière : 1893 : 3.989 ; 1900 : 4.974.
Le divorce tend à s'accroître dans la population rurale où jusqu'à
ces derniers temps on ne s'en servait guère.
1885 : 242 divorces dans la campagne ; 1893 : 667 : 1900 : plus de
1.500.
La proportion des ménages divorcés ayant des enfants est à peu
près constamment des trois cinquièmes.
Les deux tiers des divorces sont intentés par la femme, un tiers
seulement par le mari.
Les conversions de séparations de corps en divorces ont décuplé
depuis quinze ans : et le nombre des séparations n'a diminué que
d'un tiers depuis l'intronisation du divorce dans la loi et les mœurs.

querelles conjugales, mais que le nombre des
divorces diminuerait quelques années après la
promulgation de la loi, qu'il ne saurait en
aucun cas dépasser celui qu'atteignaient jusque-
là les séparations de corps. Et beaucoup de légis-
lateurs se laissèrent prendre à cette fallacieuse
assertion. N'avaient-ils pas devant les yeux
l'exemple de la Rome antique, et ne se rappe-
laient-ils pas que, tandis que le peuple romain
avait légalement droit au divorce, deux siècles
consécutifs purent s'écouler sans que personne y
recourût, les deux siècles précisément pendant
lesquels la famille et la cité romaine furent les
plus augustes et les plus puissantes ?

Hélas ! en nos temps d'individualisme et de
facilité, il ne faut pas ouvrir certaines écluses,
derrière lesquelles le courant s'accumule, et qu'on
ne peut plus refermer une fois qu'il s'est précipité.
Paraphrasant la formule célèbre d'Auguste Comte,
« la seule possibilité du changement y provoque »,
M. Paul Bourget n'avait que trop de raisons de
dire que « tous les motifs valables pour autoriser
le divorce seraient également valables pour
l'étendre indéfiniment ». Sous prétexte de poursuivre l'affranchissement de la personne humaine
et de rehausser sa dignité, toute une séquelle de
barbouilleurs, hélas aussi quelques écrivains,
réclament la simplification des formalités du
divorce, tendent à remplacer le grave et noble
contrat de naguère par on ne sait quel « collage »
légal mais provisoire, et veulent substituer au
loyal et solennel engagement du mariage indissoluble, la duperie et l'essai déloyal de l'union à
terme. Ils ne manquent point de public pour les
encourager ; les livres de M. Paul Adam voient se
multiplier leurs éditions, qui prétendent qu' « en
une époque où la religion perd le reste de sa
force, où l'individu se libère de toutes les conven-

tions traditionnelles, où tout s'effrite des anciens dogmes sociaux... il convient d'applaudir frénétiquement à la nouvelle législation qui aidera les sincérités volontaires.» MM. Margueritte sont écrasés d'applaudissements quand « pour rendre à la faillite des cœurs une liquidation plus digne » ils demandent que « librement consenti, le mariage puisse être tout aussi librement dénoué » (1).

En attendant qu'on en arrive à enregistrer dans la loi le divorce par consentement mutuel qui, en fait, est déjà souvent accordé à la faveur de petites comédies assez pitoyables, on vient de réaliser, il y a quelques mois, ce qu'on a appelé le divorce automatique, c'est-à-dire la conversion, *de plano*, de la séparation en divorce quand, au bout de trois ans, l'un des époux, quels qu'aient été ses torts, aura réclamé ce qui ne sera plus qu'une formalité. Que cela puisse donner au mari droit

(1) « Librement consenti, le mariage doit pouvoir être librement dénoué dans une société où les contrats personnels sont abolis, où le temps des serfs n'est plus qu'un souvenir, où l'on ne peut même pas prononcer au couvent des vœux éternels. »

A rapprocher de la déclaration de Cambacérès en 1792 : « Le pacte matrimonial doit son origine au droit naturel ;... la volonté des époux en fait la substance : le changement de cette volonté en opère la dissolution... Il est juste que l'union formée pour le bonheur de deux individus cesse dès que ces deux individus, ou que l'un des deux n'y trouve plus le bonheur qu'on y a cherché. »

A noter également l'unanimité des opinions exprimées dans la presse jacobine contemporaine : « Le mariage se réduit à un contrat synallagmatique passé entre un homme et une femme. En cas de non exécution d'une des clauses de ce contrat, le contractant lésé ne peut exiger autre chose que la résiliation dans des conditions sauvegardant ses intérêts. » (G. LEFRANC, journal *l'Action*).

A remarquer que notre législation a déjà connu le divorce mais que, jadis, il n'y a guère duré. On sait en effet que le divorce fut voté en 1792, la conséquence en fut une démoralisation générale et des désordres inouïs ; dès 1797, le Conseil des Cinq-Cents était saisi d'une demande d'abrogation ; en 1816, le divorce était aboli.

En quelle année du vingtième siècle disparaîtra-t-il de nouveau ? il n'y a pas apparence que ce soit de sitôt ; nous avons fait du chemin depuis cent ans !

à la répudiation (1), à la femme droit au dévergondage, à l'enfant droit au malheur, à la famille
droit à la mort, peu importe à nos grands réfor-
mateurs ! ils n'en sont pas à une démolition près !

Nous sommes très sûr qu'à cet individualisme
affolé, ceux qui veulent garder intacte la famille
française préfèrent le sage traditionalisme d'antan ; ils ne peuvent pas ne pas reconnaître dans
le divorce ainsi multiplié l'un des plus redoutables
facteurs du complot contre la famille, et ce n'est
pas seulement l'esprit d'obéissance de ceux
d'entre eux qui ont la foi catholique, c'est aussi,
chez eux et chez tous les autres, la tendresse
patriotique et l'instinct de conservation sociale
qui s'insurgent contre ce mortel ferment d'anar-
chie. Aussi affronteront-ils allègrement avec nous
l'accusation de n'être pas dans le train du jour
en se demandant avec Jules Simon si « la famille
est la même famille, depuis que les deux pivots
de cette famille, le père et la mère, ne sont plus
unis que par un attachement qui peut n'avoir pas
de durée, et depuis que chacun d'eux est convaincu
qu'il suffit presque de sa volonté pour que le lien
soit rompu, et la famille dissoute ».

*
* *

Maxima debetur... Ce qui va suivre n'est point
écrit pour les jeunes filles ; nous croyons cependant qu'il est indispensable de l'écrire, parce que
les plaies les plus malignes sont aussi les plus

---

(1) Il est curieux de remarquer que, si certains groupes féministes
réclament le divorce par consentement mutuel, ils se méfient du
divorce par consentement d'un seul, qui donnerait effectivement au
mari une sorte de droit de répudiation. (Mme Marguerite DURAND,
directrice de la *Fronde*.)

secrètes, et qu'à ne les jamais mettre au jour on risque assurément de les envenimer davantage.

Si l'indissolubilité « empêche les époux de travailler à leur propre développement (1), » il faut briser tous les liens qui gênent ce nécessaire travail. Le mariage indissoluble est « une institution génératrice de vice, de misère et de mort (2). » Le lien sexuel est contracté uniquement pour le bonheur des époux (3) ». « Le jour où le divorce fonctionnera avec une liberté absolue, l'amour libre sera consacré en fait, sinon en principe et c'est l'essentiel (4). »

Voilà quelques maximes, cueillies entre cent de leurs pareilles, qui montrent que, du divorce, on descend facilement à *l'union libre* et que la pente qui mène de l'un à l'autre est rapide et glissante.

Les théoriciens du divorce s'en cachent-ils du moins, ou s'en excusent-ils ? Loin de là ! et si effrontément le contraire que leur pontife suprême, M. Naquet, ne craignait pas, dès 1868, d'écrire que « *la liberté de l'union des sexes* fait partie de l'*inéluctable* transformation sociale, qu'il

---

« Le jour où le divorce fonctionnera avec une liberté absolue, l'amour libre sera consacré en fait, sinon en principe, et c'est l'essentiel. Sans doute, le mariage subsistera en tant qu'acte civil, mais ce sera une simple formalité... Déjà, d'ailleurs, la loi du divorce, si peu libertaire soit-elle, a préparé les esprits modernes à la conception de l'amour libre, car elle a raisonné que des conjoints pouvaient se désunir, puis fonder de nouvelles familles, sans que l'équilibre social fût dérangé... D'une façon générale, les efforts des penseurs doivent tendre à libérer l'œuvre de chair de ce caractère infamant ou fautif qu'elle revêt lorsqu'elle se perpètre en dehors du mariage. » (*L'Evangile du bonheur*, ouvrage dédié à Léon XIII, par A. CHARPENTIER.)

(1) *L'idéalisme social*, FOURNIÈRE.

(2) *Religion, Propriété, Famille*, NAQUET.

(3) *L'affranchissement de la femme*, NOVICOW.

(4) « Le mariage tel qu'il fut conçu par le Christianisme, constitue un perpétuel défi au bonheur de l'humanité. » « L'amour n'est pas éternel... »

ne s'agit, il est vrai, que d'une évolution et que l'on ne peut réclamer des sociétés capitalistes la suppression du mariage, mais qu'il n'en est pas moins désirable d'introduire, dans cette vieille institution, toute la dose de liberté que comporte notre état social. »

« L'inéluctable » transformation sociale a-t-elle été accomplie depuis quarante ans ? en tout cas elle n'a pas été entièrement éludée, sans quoi MM. Margueritte n'auraient pas pu écrire les lignes suivantes : « C'est parce que ce principe du droit moderne, proclamé par la Révolution — la personne humaine est inaliénable — c'est parce que ce principe essentiel, expression d'une morale nouvelle, est méconnu dans le mariage *et dans le divorce* actuels, que nous voulons l'y introduire... Union libre ? Non, puisque tant de gens n'y voient *encore* que la satisfaction changeante de l'instinct, un assouvissement d'égoïsme, et que la protection des enfants n'y est pas légalisée ; mais mariage libre, tenant de son esprit de liberté même, avec la beauté de sa durée, sa valeur sociale (1). »

On voit la thèse et le procédé ? si l'une est hardie, l'autre n'est pas maladroit, et la théorie, vieille comme l'égoïsme humain, du *droit au bonheur,* sait ici se parer de quelque noblesse désintéressée qui dissimule son effronterie. Pour un peu l'on devrait avoir de la gratitude à ces auteurs si bien intentionnés et s'associer aux ironiques remerciments que leur adresse M. Bureau. Pour un peu, nous aurions tort de nous plaindre, nous défenseurs du mariage et de la famille, puisqu'on nous répondrait « que ces deux institutions traversent une crise très grave et que cet élargissement est précisément le seul moyen d'en sauver les derniers débris ».

_____

(1) *L'élargissement du Divorce,* Paul et Victor MARGUERITTE.

Ce qui est grave, ce n'est pas que des irréguliers ou des dévoyés cherchent à leurs défaillances ou à leurs tares des prétextes ou des excuses, les moins ignobles possible, ni qu'ils s'ingénient à théoriser sur leurs médiocres cas ; ce qui est grave, c'est que des esprits réfléchis et d'honnêtes gens prennent au sérieux de telles calembredaines ; c'est que des salles entières, dans lesquelles il n'y avait pourtant pas que des courtisanes et des boulevardiers, aient frénétiquement applaudi la *Nora* d'Ibsen, répondant à son mari Helmer, qui lui rappelait qu'avant tout elle est épouse et mère: « Non ! je ne crois plus à cela. Je crois qu'avant tout je suis un être humain au même titre que toi... » et désertant le toit conjugal pour « se faire à elle-même ses idées... » pour « essayer de se rendre compte... »

Il y a dans les brumes du Nord on ne sait quels souffles malsains qui font, comme des feuilles mortes, tomber les ataviques principes. Dès 1883, le socialiste allemand Bebel écrivait que « dans la nouvelle société, la femme sera indépendante socialement et économiquement... elle sera maîtresse de son sort... elle recherchera en mariage ou se laissera rechercher et n'aura égard qu'à sa seule inclination... L'union sera un contrat privé, sans l'intervention d'aucun fonctionnaire... Les instincts de l'être humain ne regardent que lui ; la satisfaction de l'instinct sexuel est chose aussi personnelle à tout individu que la satisfaction de toutautreinstinct naturel. Personne n'a de compte à en rendre à personne (1) ! »

De même, en Angleterre, la « gauche féministe » soutient ces théories faciles, et des femmes écrivains édifient, à grand renfort de paradoxes, tantôt indignés et tantôt polissons, toute une lit-

---

(1) *La femme et le socialisme*, par BEBEL (1883).

térature de l'alcôve conjugale. Leur thèse est que le mariage ne doit durer autant que le désir, sinon qu'il est dégradant pour la femme. Rien, dit l'héroïne de *A Yellow Aster* (1), « *rien, excepté l'amour parfait, ne rend le mariage sacré, ni la loi de Dieu, ni la loi de l'homme et la grossesse* — (l'auguste grossesse qui faisait par tous céder le pavé à la matrone romaine) — *la grossesse est le signe extérieur et visible qui met le sceau à leur honte... On parle de la honte des femmes qui ont des enfants en dehors du mariage ; ce n'est rien auprès de la honte de celles qui ont des enfants sans aimer leur mari.* » — « Vous m'avez élevée en imbécile, dit une autre héroïne de roman (2), dans l'ignorance de tout ce que j'aurais dû savoir... je n'avais aucune idée de ce que signifiait l'union avec un homme. — Croyez-vous que si je m'étais doutée de la vérité, tout mon être ne se serait pas révolté contre un pareil avilissement de ma personne ? »

Qu'on fasse bien attention, et à la théorie émise et à la façon de l'émettre ; elles sont assez ingénieuses pour séduire, en même temps qu'une infinité de sensualités impatientes, quelques sensibilités amollies. Il faut croire qu'à ces dernières même on ne prête plus guère attention, car c'est aux premières que, très ouvertement et sans rien farder ni du fond ni de la forme, on s'adresse aujourd'hui.

M. Novicow nous fait un étonnant tableau de ce que sera la société prochaine, dans laquelle « l'union sexuelle s'accomplira sans aucune autorisation ni sanction, dans l'intimité et le mystère. La femme, après avoir contracté une liaison, soit

---

(1) *A Yellow Aster*, par Mᵐᵉ M. Coffyn.

(2) *Discords*, par G. Egerton (Mᵐᵉ Claremonte).

continueraàdemeureravecsesparents,soitdemeu-
rera seule, soit enfin s'installera avec l'homme
aimé pour faire ménage commun et fonder un
nouveau foyer. La femme pourra aussi passer à
son gré d'une de ces combinaisons à l'autre, et
même les alterner selon les convenances de son
bonheur (1). »

C'est la glorification de l'union libre, c'est la
faillite du mariage, c'est, à parler net, de la chien-
nerie pure ; et tous ces paradoxes, complaisants à
tous ces vices, courent nos rues, nos théâtres et
nos salons. Et l'on rencontre des raisons raison-
nantes pour leur trouver des excuses ou des
prétextes ! Mais quels prétextes sont donc ici
valables ? Mais, même la triste misère d'une union
sans amour, même la vilenie d'un contrat de pur
intérêt, même l'ignominie d'un mariage sans respect ou sans fidélité, sont-elles faites pour excuser
le *Jacques* de George Sand, quand il déclare que
« le mariage est une des plus barbares institutions
de la société, et qu'il sera certainement aboli si
l'espèce humaine fait quelques progrès vers la
justice et la raison ».

La justice ! la raison ! à quelles vilaines mar-
chandises ne servent-elles pas aujourd'hui de
pavillon ? Et n'est-il pas un nom, plus grand
encore que ces deux-là, et qu'avec douleur et
indignation nous voyons prostituer à tous les
carrefours ?

« Liberté ! que de crimes on commet en ton
nom, » disait naguère Mme Roland ! Liberté,
n'est-ce pas le plus grand des crimes, que de te
voir invoquer aujourd'hui pour abolir le mariage
et guillotiner la famille !

Libéral fervent et impénitent, je ne suis pourtant pas fâché de l'occasion présentement offerte

(1) Novicow : *l'Affranchissement de la Femme.*

de dire son fait à cette manière sacrilège de comprendre et de prôner la liberté. Car enfin il s'en faut que notre amour de la liberté soit une idolâtrie et notre libéralisme n'est pas du fétichisme !

Sans doute, nous, libéraux, nous croyons et nous disons que toutes les questions qui sollicitent l'intelligence humaine doivent se résoudre par la liberté et se ramener à la liberté ; mais nous ne concevons pas la liberté comme la bride lâchée à tous les instincts. La liberté, pour nous, c'est la faculté que nous voulons voir acquise à tout homme de faire, en toute circonstance, non point tout ce qu'il veut, mais tout ce qu'il doit ; la liberté sans doute est pour nous le but, mais elle est plus encore le moyen ; elle est la fenêtre que nous voulons toujours tenir ouverte sur la vérité et sur le droit ; elle n'est ni la fantaisie ni la licence ; et à nos yeux, telle que s'en réclament les malpropres théoriciens de l' « union libre », la liberté n'est que le plus inavouable et le plus odieux des libertinages !

Le libertinage public et la débauche envahissante, voilà les produits naturels de toutes ces théories d'égoïsme et de malpropreté, voilà de rudes ennemis qui tiennent leur large part dans le complot contre la famille et qui, si l'on continue à tout laisser dire et tout laisser faire, ne laisseront plus, elles, pierre sur pierre au foyer familial.

On pourrait croire que les auteurs responsables de cette démolition sacrilège sont amenés à faire quelque retour sur eux-mêmes et à témoigner de

quelque regret... comme ce serait mal les connaître ! Un écrivain contemporain, qui met une
prodigieuse verbosité, en même temps qu'un trop
réel talent, au service de la plus déconcertante
amoralité, M. Paul Adam, n'a point hésité
à écrire cette page, qu'il faut citer textuelle-
ment :

« Chaque jour l'on entend gémir, sous prétexte
que l'armature sociale craque, se fendille et s'effrite. Beaucoup pensent que le bien est l'apanage
de nos institutions traditionnelles : propriété, mariage, hérédité légitime, vertus bourgeoises, etc.
Tolérant que les femmes libres ou les adultè-
res avérées s'immiscent dans leurs milieux, ces
contempteurs du Présent introduisent la licence
du Futur dans leurs foyers. L'exemple d'épouses
légères ou de courtisanes réhabilitées ne peut
qu'engager les jeunes femmes fidèles par éducation à s'affranchir des préjugés survivants. Certes
il en est dont l'âme *héroïque* ne cédera point. Il
en est aussi qui s'autoriseront des succès dévolus
aux coquines pour s'offrir les joies interdites.

« De là ces mille potins et ces mille scandales
dont nos propos aiment à se régaler. De là cette
progression continue des divorces. Il semble
qu'on aille rapidement vers une ère de transition
caractérisée en ceci que les femmes commenceront
leur existence par le mariage, puis, lasses, le
changeront par un ou deux divorces, avant de
finir par la vie libre ; tandis que les courtisanes commenceront par la prostitution, avant
d'y adjoindre le prétexte artistique, puis de
terminer leurs jours le nez sur le pot-au-feu.

« Alors, le mariage ne sera plus un état vital,
mais tantôt une combinaison provisoire, tantôt
une combinaison de retraite. On saura moins encore de quel père naîtront les enfants... Oui !
nous tenons de plus en plus à nous accommoder

d'un état de choses tel que la chasteté n'y vaudra
plus rien. »

Est-il bien nécessaire de commenter cette
cynique peinture de ce que sont devenues les
mœurs en de certains milieux ? N'est-ce point assez
de devoir constater qu'elle n'est que trop fidèle ?

Oui ! que la chasteté ne doive plus être d'aucune valeur en une société d'où la morale religieuse est bannie, où l'on ne parle plus que de
droits et jamais de devoirs, où la lutte pour la vie
revêt l'âpreté féroce d'une effrénée course au
plaisir, où la fin, l'unique fin qui est la jouissance,
justifie tous les moyens, voilà qui n'est pas dou-
teux. Mais qu'une civilisation d'où la chasteté est
bannie soit au point de décadence dont le vrai
nom est pourriture, voilà aussi qui n'est que trop
certain !

Ce qu'il y a de plus tristement vrai dans cet
étonnant raccourci de la vie contemporaine que
nous trace M. Paul Adam, c'est cette complaisance
au vice dont témoignent les classes jadis réputées
vertueuses, c'est l'imprécis et l'incertain de la
ligne de démarcation entre celles qui par l'éducation de leur milieu, génératrice de sagesse et de
pureté, méritaient le beau titre d'honnêtes
femmes, et celles qui font déshonnête commerce
de leur corps, c'est l'extraordinaire confusion d'un
monde où tout se pénètre, où tout se mélange, où
tout, à commencer par les principes et les mœurs,
s'en va en déliquescence.

Ne se trouve-t-il pas des politiciens, se piquant
de philosophie sociale, pour déclarer qu'après
tout, « les prostituées doivent pouvoir être des
femmes comme toutes les autres », ce qui implique
sans doute pour toutes les autres la faculté d'être
à leur tour des prostituées !

M. Maurice Talmeyr (1) rapporte ce mot admi-

(1) *La fin d'une société*, Juven. (1906.)

rable que lui disait un ancien président du conseil municipal de Paris : « Une femme s'appartient et doit pouvoir se prostituer. *La Révolution est faite pour ça !* » Il met en pleine lumière le *Rapport Turot*, qui résume les conclusions d'une vaste enquête menée sur la prostitution et la police des mœurs par la deuxième commission du Conseil municipal de Paris, et qui n'est rien de pis qu'un audacieux panégyrique de la débauche « admise et honorée à Babylone, à Chypre, à Lesbos, en Lydie, brillant de son plus bel éclat sous la civilisation hellénique et représentant sous d'autres civilisations, un état transitoire antérieur au mariage. » Dans ce fameux Rapport sont honnies comme il convient les atrocités dont la légistation d'autrefois, inspirée par la cruelle morale chrétienne, s'est rendue coupable envers cette pauvre et inoffensive prostitution ; et un victorieux parallèle s'établit entre nos pays aux préjugés fossiles et cet enviable Japon « où les jeunes filles amassent quelque bien dans des maisons closes, pour convoler en justes noces avec des compatriotes qui ne nourrissent point à l'égard du passé de leurs épouses *les sentiments qu'inspirent nos conceptions occidentales* ». L'aboutissant de cette enquête est tout naturellement l'affranchissement de la prostituée, la suppression officielle de l'antique morale, de la réglementation, de la surveillance même, c'est l'absolue « neutralité morale » de l'administration.

Aussi le résultat de tels encouragements ne s'est-il point fait attendre. La prostitution est devenue envahissante ; cantonnée naguère en de certains quartiers, elle a maintenant débordé sur toute la capitale, et il n'est pour ainsi dire plus une rue, tant soit peu fréquentée, où la mère de famille, où la jeune fille, ne soient exposées aux plus pénibles coudoiements. Les statisticiens prétendent qu'il y a à Paris seulement plus de 120.000 femmes qui vivent ouvertement de la prostitution, et que, d'une Exposition à l'autre, de 1889 à 1900, le nombre des filles publiques y a presque doublé !

Que dire de celles qui demandent à la mauvaise conduite, soit occasionnelle, soit régulière, des subsides d'appoint ! de toutes ces employées, non seulement de théâtres, de concerts ou de brasseries, mais aussi de commerce et de bureau, qu'un salaire, d'ailleurs scandaleusement réduit, pousse à l'inconduite ? de cette armée de femmes entretenues qui, à la mensualité du protecteur avoué, joignent les gains secrètement conquis dans les « maisons d'illusion » ? de ces femmes mariées enfin « qui, tenant à passer aux yeux du monde pour irréprochables, se garderaient bien de contracter aucune liaison, mais qui en viennent à demander un peu de l'argent dont elles ont besoin pour leur luxe à une ignominie jusqu'où elles sont bien sûres que les soupçons ne descendront pas » (1) ?

A de tels dérèglements le journal, le roman, le théâtre se montrent indulgents à l'envi ; les colonnes des quotidiens sont largement ouvertes au récit de tous les scandales; il n'est point de détails, même les plus répugnants, qui n'y soient relatés, commentés, parfois même inventés, et dont ne se délectent d'innombrables lecteurs ; les illustrés, jadis seulement d'une gauloiserie à la rigueur tolérable, sont aujourd'hui carrément et lourdement obscènes, ils envahissent les kiosques des rues et des gares et peuvent souiller tous les regards ; le roman pornographique sévit avec fureur ; *Salammbo*, aujourd'hui, n'aurait pas dix éditions, les *Claudine* se vendent par trente et cinquante mille; les théâtres, même ceux qui seuls étaient

(1) Rapport de M. A. Mithouard à la deuxième Commission du Conseil municipal (1904).

naguère fréquentés par les honnêtes femmes, non seulement offrent sur leurs scènes la peinture des pires mœurs dans les pires milieux, mais encore exaltent ces mœurs et laissent leurs personnages prôner les théories les plus délétères ; que dire des innombrables théâtres à côté, où personne désormais ne craint de se montrer, où, sur la scène, tout se dit, presque tout se fait.

Par respect pour le lecteur il est certains sujets auxquels l'allusion seule est permise ; mais croit-on que les lamentables scandales auxquels le procès Moltke-Harden a donné une si ignomi-nieuse publicité soient l'exclusif apanage de nos voisins?

N'insistons pas plus avant ; mais demandons-nous seulement ce qu'il advient de la famille au milieu de ce grand désastre des mœurs privées et publiques, ce qu'il en adviendra le jour, rêvé par quelques-uns, où l'on en arrivera « à l'état de nature, tout cru et tout simple, où la femme se donnera librement à l'homme qui lui plaît, par cela seul qu'il lui plaît, tout de suite, sans autrement le connaître, à cause de sa moustache, de sa prestance, de son sourire, de son regard (1)... » Et sollicitons le lecteur de reconnaître que de si prodigieuses théories, si résolument destructrices du foyer familial, et génératrices de tels désordres, ne pouvaient pas ne pas être mentionnées dans ce sommaire historique de la « guerre à la famille ».

*\
* *

Il doit sembler assez difficile de comploter plus directement contre la famille que ne font les par-

___

(1) *La Morale de l'Amour*, M. Paul ADAM.

tisans de l'union libre ou les panégyristes du
dévergondage, et après ceux-là on devrait tirer
l'échelle... Eh bien ! non ! il s'est rencontré des
êtres humains, se réclamant du beau nom de philosophes, pour descendre à une abjection plus
basse, et pour trouver le moyen de livrer à la
famille un assaut plus direct et plus audacieux
encore, puisque c'est à sa source même que ceux-
là attaquent la famille. J'ai nommé *malthusiens*
et *néo-malthusiens*.

Ici, j'avoue mon embarras — Mme Nelly Roussel nous déclare bien que « pour ses amis, qui se
vantent d'avoir rejeté tous les dogmes, tout peut
et doit être dit en public ». Nous serions bien
fâchés d'être des amis de cette dame, et, pour
traiter le sujet qui lui est cher, il faudrait d'abord
parler latin, ensuite être aussi sûrs que Sgana-
relle de n'être pas entendus ; or nous tenons tous
nos éventuels lecteurs pour beaucoup plus instruits
que Géronte.

Il n'est pourtant pas possible de taire absolument les ravages causés par de si abominables
doctrines, il faut que l'on sache qu'elles sont pu-
bliquement propagées jusqu'au fond de nos campagnes, et que, s'il ne naît pas, *en toute une année,*
plus de petits Français qu'il ne naît *en quinze
jours* de petits Allemands, c'est, sans nul doute,
pour une grande part, sur un tel fumier que
s'étiole la fleur de notre race.

Quand Malthus écrivait, en 1798, son « Essai
sur le principe de population, en vue de ses effets
passés et présents sur le bonheur humain, avec
une enquête sur nos chances de supprimer ou de
mitiger les maux qu'il occasionne », ses conclusions étaient sans doute d'une audace désolante,
puisqu'elles n'allaient pas à moins qu'à la négation
du précepte biblique : « Croissez et multipliez »,
mais le digne homme était pavé de bonnes inten-

tions, il voulait éteindre le paupérisme, et sélectionner l'espèce ; un tel but n'était pas inavouable ; pour y parvenir il retardait la nuptialité, il l'entourait de mille entraves, il prêchait enfin le « moral restraint » et de tels moyens, singulièrement et volontairement dangereux pour la race, n'étaient cependant pas dépourvus de quelque austère noblesse.

Mais Malthus était un gêneur et on le lui fit bien voir. Stuart Mill, Owen, Carlyle, Bradlaugh, avaient successivement suivi la route, à peu près droite, frayée par le précurseur ; Mrs Annie Besant s'en écarte très hardiment et quand elle publie en 1877 ses « Conseils aux Jeunes Mariés » dans lesquels elle expose la théorie de la « prudence conjugale », elle encourt une condamnation à six mois de prison, mais son livre se vend à 200.000 exemplaires. Quelques années après, il est vrai, Mrs Annie Besant abjure ses erreurs, elle avoue que ses conseils ont été nuisibles à l'homme et à la race, et, convertie au théosophisme, elle veut aller à Bénarès chercher la vérité — elle passe les Océans.

Hélas ! sa doctrine avait passé le détroit ; et la gangrène nous avait envahis. En 1896 était fondée, en France, la ligue néo-malthusienne, dont le journal *La Régénération* est l'organe officiel et dont Paul Robin, le fameux éducateur de Cempuis, est le grand cacique. On y prêche, avec la révolution sociale et l'anarchisme, ce que ces inconscients appellent la « prophylaxie anti-conceptionnelle ». On y renie Malthus qui, sous prétexte de supprimer le paupérisme, avait l'audace de dénier au pauvre le droit illimité au plaisir, au seul plaisir qui lui reste... « Tendres philosophes humanitaires, s'écrie le Robin en question, nous venons rendre à tous les félicités de l'amour... nous faisons justice de cet échafaudage infini de sottises, bâti autour de l'attrait des sexes... Nous nous attaquons à cette vertu, *négative* selon les institutions humaines, la pureté, dernier lambeau des doctrines métaphysiques qui ont toujours opprimé les humains... Nous déclarons à la femme qu'elle est maîtresse d'elle-même, qu'elle ne doit être mère que quand il lui plaît, et choisir qui lui plaît pour père de l'enfant qu'elle peut désirer... Tant pis pour les néophobes qui ne manqueront pas de protester contre ce qu'ils appelleront tout au moins le plus « abominable dévergondage », comme si la société actuelle était l'impeccable collection de toutes les vertus, y compris la vertu unique, *si niaise,* de la femme, *la chasteté.* »

Qu'on ne nous tienne pas rigueur d'avoir forcé le lecteur à respirer les prodigieux relents qu'exhale ce bouquet de citations empoisonnées : nous ne pouvons croire qu'il fût indifférent de lui apprendre que de telles énormités ont pu être pensées et écrites.

Et encore, si ce n'était là que les divagations d'un détraqué isolé, il ne serait pas nécessaire de remuer ce bourbier ; — hélas ! la puissance d'expansion de doctrines, aussi tentantes pour la lâcheté et la malpropreté de l'animal humain, est inconcevable ; elle dépasse tout ce que l'imagination peut redouter. Paul Robin a des imitateurs et des disciples ; le néomalthusianisme a des comités et des délégués un peu partout ; les grandes villes en ont été les premières infectées, les campagnes le sont à leur tour ; le journal *la Régénération* a de nombreux correspondants, tous bénévoles et gratuits ; les feuilles socialistes avancées, révolutionnaires, ou libertaires, reproduisent à l'envi les articles qu'elle publie, les recettes qu'elle donne, les adresses qu'elle fournit (on peut lire les unes et les autres, pour ne citer

qu'un exemple, dans le fameux *Travailleur so-*
cialiste de l'Yonne); un échange très actif de documents et d'abonnements s'opère entre la *Régéné-*
ration de Paris et le *Malthusien* de Londres, le
Force et Santé de Barcelone, le *Sozial Harmonie*
de Stuttgart, la *Famille Heureuse* de la Haye, le
Lucifer de Chicago ; une conférence internationale s'est tenue à Paris en 1900, elle a consacré
la fondation et célébré les progrès de la Fédéra-
tion universelle néo-malthusienne; des brochures,
des affiches, des tracts, jusqu'à des étiquettes
gommées, sont mises à la disposition des adeptes.
Le siège social publie et répand la liste des « pra-
ticiens » agréés par la ligue, il donne des adresses
et des conseils pour la pratique usuelle de son
abominable prophylaxie ; c'est toute une propagande dont bien peu de gens assurément soup-
çonnent l'intensité.

On pourrait croire que les pouvoirs publics se
sont émus et qu'ils répriment vigoureusement,
que tout au moins ils essaient d'endiguer ce pro-
sélytisme de mort ? Sans doute, de temps à autre,
un ministre, un fonctionnaire, un député laisse
tomber, du bout des lèvres, quelques mots de
pitié sur cette dégénérescence de la race ; mais il
ne faut pas leur demander d'aller jusqu'à en
blâmer les auteurs, encore moins d'oser les combattre. Ne faut-il pas que, sous prétexte de liberté
de la pensée, de la plume ou de la parole, on laisse
tout dire aujourd'hui ; ne faut-il pas que, hormis
celui du Dieu des catholiques, tous les cultes
soient libres et toutes les idoles tolérées. Sauver
la morale ? Garder la morale ? Se soucier de la
morale ? c'est là de l'histoire ancienne, c'est du
passé ! Elle est réactionnaire, la morale, et même
un tantinet cléricale. Dans les milieux même dont
c'était naguère la fonction de servir cette douai-
rière et de la faire respecter, on ne connaît plus

la morale ; on ne l'attaque pas, on ne la nie pas, mais on ne la défend pas ; la consigne est d'exiger l'observance de la loi et des règlements, mais, pour le reste, de fermer systématiquement les yeux et de s'en tenir à ce que l'inconscience administrative appelle « la neutralité morale » !

Aussi la propagande néo-malthusienne s'exerce-t-elle en toute liberté.

Le Palais du Trocadéro était ouvert, il y a quelques mois, à une réunion, présidée par Paul Robin et Nelly Roussel, dont l'annonce : « Les Fauteurs d'avortements », a couvert tous les murs de Paris.

A l'Exposition internationale d'hygiène tenue à Paris en 1904, une place d'honneur, un stand bien en vue du public, était réservée au propagateur d'une drogue (1) non point fin-de-siècle, mais *fin-de-monde*, dont le prospectus portait exactement ces titres et épigraphes : « Un bienfait social. — Le bonheur pour tous. — A quels maux devons-nous les plus grands tracas de notre existence ? A la peur de l'enfant ou à la crainte des maladies contagieuses. — Mettons dans la main de chacun le bouclier qui pourra le préserver de ces deux fléaux, etc... » et le jury, composé de personnages très officiels, décernait solennellement à cette ordure une grande médaille d'or !!!

Que dire de plus ? Il me semble qu'après cette stupéfiante aventure, il n'y a plus lieu d'être surpris de rien.

---

(1) Le véritable intitulé du produit pharmaceutique couronné, on ne peut pas le donner ici, mais il est incontestable que le « F... » se trouve dans toutes les pharmacies. Le jury de cette Exposition se composait de MM. Gerville-Réache, député, président ; Chauvet, sénateur, vice-président ; Gomot, sénateur ; Messimy, député ; le Président du Conseil général de la Seine, le Président du Conseil municipal de Paris ; M. Mesureur, directeur de l'Assistance publique etc.

Aussi ne sera-t-on pas étonné devant les chiffres navrants que nous donnent les statistiques de natalité (1) et qui témoignent d'un appauvrissement aujourd'hui morbide, demain mortel de la race française. On ne pense pas assez à cela, on ne sait pas assez cela ; je me devais à moi-même de vous le dire, amis lecteurs, de vous demander d'y penser et d'y parer ; car, qui que vous soyez, d'où que vous veniez, vous êtes investis, vous et les vôtres, par cette propagande, qui s'est glissée partout, et, si vous n'y prenez garde, qui pourrira tout !

Qu'il me soit permis, à ce sujet, d'apporter ici un souvenir vécu, qui, mieux que toutes les affirmations, montrera ce que peut être cette propagande, malheureusement si peu connue.

C'était, il y a un peu plus d'une année, la nuit, dans un bourg perdu de la forêt d'Orléans, à dix-huit kilomètres de la plus prochaine gare, par

---

(1) Statistique de la dernière année enregistrée, 1905 — 807.291 naissances contre 770.171 décès (la même année a compté 302.623 mariages et 10.019 divorces) ; l'année précédente, 1904, avait compté 8.968 décès en moins et 10.938 naissances en plus.

Le chiffre total des naissances en 1905 représente 2,17 0/0 de la population légale, chiffre inférieur à ceux des années précédentes : 2,20 en 1904, 2,22 en 1903, 2,27 en 1902, 2,30 en 1901 — on voit que la décroissance est régulière et rapide. — C'est le taux le plus faible relevé en France depuis le commencement du XIXᵉ siècle.

Quant au chiffre total de la population française, son accroissement est d'une lenteur désolante, la comparaison des périodes décennales donne en effet les résultats que voici : Jusqu'en 1831, la progression annuelle de la population était d'environ 200.000 âmes ; en 1811, elle était de 167.000 ; en 1851, de 155.000 ; en 1861, de 93.000 ; en 1870, de 103.000 ; en 1881, de 130.000 ; en 1891, de 67.000 ; elle est en 1905, seulement de 37.120 !

Sur 10.000 habitants, le chiffre des naissances fut en moyenne dans les périodes décennales : de 1771 à 1780, 380 ; de 1801 à 1810, 325 ; de 1811 à 1820, 316 ; de 1821 à 1830, 308 ; de 1831 à 1840, 289 ; de 1841 à 1850, 274 ; de 1851 à 1860, 267 ; de 1861 à 1870, 264 ; de 1871 à 1880, 245 ; de 1881 à 1890, 240 ; de 1891 à 1900, 232 ; de 1901 à 1905, 226.

En 1789, la France représente le 27 0/0 du total de la population en Europe ; en 1815, le 20 0/0 ; en 1880, le 14 0/0 ; en 1891, le 12 0 0 ; en 1900, le 10 1/2 0/0.

un froid noir et une tempête tourbillonnante de neige, toutes conditions telles que, pour les affronter, j'imagine qu'il fallait être abandonné des dieux, ou candidat... De fait, il s'agissait d'une conférence que je faisais aux électeurs de Montereau-en-Gatinais.

Au cours de la causerie, je remarquai, parmi les deux cents têtes de bûcherons qui m'entouraient, une figure inattendue, manifestement, celle de quelqu'un qui n'était pas du pays. Bon ! quelque socialiste, pensai-je, délégué pour me faire la vie dure. Je ne me trompai que de moitié, car j'eus à essuyer pendant une heure le feu roulant de ses interruptions, moins banales, d'ailleurs, que je ne les avais redoutées, ou que je n'y étais accoutumé.

Quand la séance fut levée, j'allai causer avec lui et m'enquis de ce qui l'amenait dans ce pays. Pour toute réponse, il me tendit une petite brochure, couverte d'un rouge vif et intitulée... non vraiment, je ne puis même pas en écrire le titre — qu'on juge s'il m'est possible d'en analyser le contenu ! Eh bien ! Ce messager de malheur avait consacré sa journée à l'empoisonnement méthodique de ce coin de pays perdu ; chaque maison avait reçu sa brochure, chaque cabaret en avait entendu la paraphrase ; la mauvaise graine avait été semée à profusion ; et nul doute que, dans ces pauvres âmes saturées de matérialisme, elle ne dût lever promptement. La même prédication néfaste avait sévi la veille dans le bourg voisin,

M. Paul Bureau, dans *La Crise morale des Temps nouveaux*, donne les tableaux statistiques que voici :

	1851	1906		
France..........	35	39	millions d'habitants.	
Allemagne.......	35	60	»	»
Autriche-Hongrie	30	48	»	»
Iles Britanniques	27	43	»	»
Italie..	24	33	»	»

elle devait recommencer le lendemain, un peu plus loin, et ainsi de suite, pendant toute l'année et dans tout le pays (1)!

Il n'y a pas un village qui n'ait été infecté, il n'y a pas une ferme où n'aient été déposés des petits tracts de propagande, il y en a peu qui ne possèdent tous les moyens matériels de mettre en pratique les beaux conseils ainsi prodigués... quelle misère, vraiment, et quelle saleté !

Et ce qu'il y a de plus navrant, c'est que ce sont les campagnes, les « honnêtes » campagnes qui pratiquent le malthusianisme avec le plus de fureur. Bien que dans les grandes villes de France la population soit loin de s'accroître aussi rapidement que dans celles de l'étranger (2), le chiffre des naissances y excède pourtant régulièrement celui des décès. Par contre, dans cinquante-huit départements, les deux tiers du pays, les décès l'emportent sur les naissances ; dans l'Eure, l'Orne, l'Aube, la Côte-d'Or, le Gers, etc... au total quinze départements, il y a trois décès pour deux naissances ; en deux générations ces pays seront ruinés plus irrémédiablement que si l'invasion, le choléra, tous les fléaux, y avaient passé !

Nous dénoncions, en commençant cette étude, les méfaits de l'individualisme ; existe-t-il beaucoup de terrains où il ait exercé plus de ravages? L'intérêt des individus, mal compris sans doute mais immédiatement tangible à leurs égoïsmes, s'oppose ici avec une spéciale vigueur aux inté-

---

(1) Dans certains départements du Centre, renommés naguère pour l'excellence et le nombre des *nourrices* qu'ils fournissaient, il est devenu quasi impossible d'en trouver, et les bureaux de nourrices de la capitale ont dû renoncer à s'y recruter. Si c'était là une victoire de l'œuvre de l'Allaitement maternel, quelle joie ! — Hélas ! la victoire est celle de Malthus et de Paul Robin...

(2) A Paris, l'augmentation qui avait été de 1896 à 1901, de 148.930 habitants, n'a plus été, de 1901 à 1906, que de 71.169 ; pendant cette période quinquennale, Berlin est passé de 1.888.000 à 2.031.000; Hambourg de 705.000 à 800.000, Munich de 500.000 à 540.000, etc.

rêts de la collectivité ? La collectivité souffre, l'individu jouit ; et c'est cette jouissance, assez abjecte, qui fait toute cette souffrance. C'est ce qui fait, selon la remarque du Dr Bertillon, que si peu de gens s'effraient, comme ils le devraient, de la dépopulation de la France, et que notre pays disparaît lentement du monde, sans qu'aucun des intéressés proteste. « C'est la mort par le chloro-

Excédent annuel moyen des naissances
sur les décès par 10.000 habitants.

PÉRIODES	FRANCE	ALLEMAGNE	AUTRICHE	HONGRIE	BELGIQUE	G^e-BRETAGNE	HOLLANDE	ITALIE	NORVÈGE	SUÈDE
1821-1825.	67	»	»	»	»	»	»	»	150	137
1826-1830.	50	»	»	»	»	»	»	»	139	84
1831-1835.	36	»	»	»	69	»	»	»	111	93
1836-1840.	48	»	74	»	85	»	»	»	78	81
1841-1845.	54	106	96	»	94	»	105	»	130	111
1846-1850.	28	81	6	»	38	»	33	»	121	99
1851-1855.	20	74	23	»	70	»	89	»	152	102
1856-1860.	28	104	100	»	87	127	65	»	165	120
1861-1865.	38	109	89	»	90	126	106	»	133	134
1866-1870.	15	98	70	»	62	121	101	66	125	92
1871-1875.	5	107	67	»	92	134	106	64	127	124
1876-1880.	29	131	82	77	102	145	135	75	151	120
1881-1885.	25	113	79	116	102	141	134	106	140	119
1886-1890.	11	121	88	115	91	126	131	103	138	124
1891-1895.	1	130	95	98	88	117	133	105	135	108
1896-1900.	13	147	116	115	109	116	150	110	146	108
1901-1902.	21	153	125	121	116	119	153	109	150	108
1905......	9	»	»	»	»	»	»	»	»	»

Ainsi, tandis que l'Allemagne gagne 800.000 habitants par an nous en gagnons moins de 40.000, soit vingt fois moins ! Quel triomphe pour M. Paul Robin !

forme. Elle n'est nullement douloureuse, et pourtant, c'est la mort ! »

« Mieux vaut prévenir que guérir, » dit, aux mathusiens comme aux autres, la sagesse des nations. Sans doute jusqu'à ces dernières années, on ne prétendait pas faire mieux que prévenir, mais c'était là du malthusianisme bien timoré et déjà retardataire ; pourquoi, si l'on n'a su prévoir le *malheur* de la grossesse, pourquoi ne pas la *guérir ?* Telle est la question qu'une fois engagés en si beau chemin les néo-malthusiens ne pouvaient manquer de se poser, et de résoudre dans le sens qu'on devine. Il y a huit mois, à la fin de 1906, paraissait sous la signature d'un médecin, une brochure, intitulée : « le Droit à l'Avortement, » que certaines revues bibliographiques commentaient sans défaveur. M. Joseph Renaud, l'auteur de *la Faillite du mariage,* revendique, « avec simplicité, le droit officiel à l'avortement ». Les progrès de la science pharmaceutique et de la chirurgie, complaisamment mis en relief par les innombrables publications dont les néo-malthusiens inondent le pays, ont rendu l'avortement quasi usuel dans beaucoup de milieux, même socialement élevés ; si bien qu'une constatation irréfutable (1), et qui n'a du paradoxe que l'apparence, a pu enregistrer que le nombre élevé des naissances illégitimes se rencontre désormais seulement parmi les populations réputées probes et honnêtes. Dans une thèse, enfin, rédigée il y a déjà plusieurs années, le docteur Canu assure que « l'ovariotomie a fait plus de mal à la France en dix ans que les balles en 1870 » ; et M. Georges Fonsegrive (2) affirme, d'après les témoignages

(1) *La Crise morale,* M. BUREAU (Bloud, 1907).
(2) *Mariage et union libre,* G. FONSEGRIVE (Plon, 1901).

les plus autorisés, « qu'on a ovariotomisé à Paris depuis quinze ans trente à quarante mille femmes et qu'il existe en France cinq cent mille opérées... »

N'en disons pas davantage sur d'aussi malpropres misères, mais ne regrettons point d'en avoir déjà tant dit — malgré notre répugnance à remuer une telle boue, nous sommes persuadés qu'il n'aura pas été inutile de rappeler à quelques-uns, de révéler au plus grand nombre, les ravages de cette entreprise antimorale, antihumaine et antifrançaise. Entre tant d'ennemis, la famille, la race et l'âme françaises n'en ont jamais rencontré non seulement de plus ignoble, mais encore de plus dangereux.

.·.

Déclin de l'autorité paternelle, féminisme, divorce, union libre, dérèglement des mœurs, malthusianisme, voilà donc les principales manifestations de la guerre menée contre la famille par l'individualisme malsain et par le besoin d'affranchissement et de jouissance qui en découlent. Est-il besoin de dire que là ne devraient pas se borner nos constatations? Si nous avions le loisir d'étendre notre enquête, ne devrions-nous pas dénoncer les méfaits du socialisme d'Etat, les théories sur le droit de tester, la progression de l'impôt sur les successions, les assauts donnés à la propriété, les tendances vexatoires et spoliatrices des projets annoncés portant réforme de l'impôt, les menaces du collectivisme et les grondements précurseurs du bouleversement social, qui complotent bien contre la famille, puisqu'ils enlèvent au père tout stimulant à construire ou à embellir un foyer menacé par la légalité même qui se prépare.

A côté des lois, ne faudrait-il pas dénoncer les mœurs? cette soif inextinguible d'argent, cette incroyable manie de paraître, ce démoralisant besoin d'être envié, qui sévissent à tous les degrés de l'échelle sociale ; — cette intensité de vie mondaine qui arrache la mère à son foyer et livre l'éducation des enfants à des soins mercenaires ; ces scandales qui attristent les hautes classes, ces unions qui y mêlent les nationalités et les races, qui y corrompent le sang jusqu'ici le plus généreux de l'Europe ; — cette étroitesse et cette mesquinerie de l'esprit bourgeois qui sacrifient tout à la sécurité parcimonieuse, qui acceptent toutes les médiocrités de la vie et souhaitent toutes les limitations, y compris celles du nombre d'enfants ; — cette peur de vivre enfin, qui a été si éloquemment dénoncée comme une des plus tristes tares de notre temps, et qui, des fils des compagnons de Dupleix ou de Napoléon, finirait bien par faire je ne sais quelle tourbe piteuse de boutiquiers ou de fonctionnaires.

Et l'aveulissement de la moralité publique, dont nous avons dit un mot, mais sur qui l'on ne saurait faire de trop longues ni de trop amères réflexions, et qui, à la fois cause et effet, détend et ronge tous les ressorts de notre race — l'imbécillité du roman d'adultère et la malpropreté du théâtre d'alcôve; l'invasion de la rue par tous les dévergondages ; la profusion des publications ordurières : brochures, illustrations, photographies, cartes postales; la complaisance inouïe à tout voir, tout entendre, tout accepter, et à rire de tout !

Est-ce que tout cela ne fait pas aussi partie du complot que j'ai essayé de décrire? est-ce que

tout cela n'empoisonne pas sûrement et métho-
diquement le sang français, la race française, la
famille française ?

. . . .

Je m'étonne, dit Périclès à Socrate, *que notre
ville ait ainsi décliné.*

Pour moi, je pense, dit Socrate, *que, de même
qu'on voit certains athlètes, qui l'emportent de
beaucoup sur d'autres par la supériorité de leur
force, s'abandonner à la nonchalance et descendre au-dessous de leurs adversaires, de même les
Athéniens, se sentant supérieurs aux autres, se
sont négligés et ont dégénéré.*

— *Et maintenant que pourraient-ils faire pour
recouvrer leur ancienne vertu ?*

— Alors, Socrate : *Il n'y a point ici de mystère :
il faut qu'ils reprennent les mœurs de leurs ancêtres, qu'ils n'y soient pas moins attachés qu'eux,
et alors ils ne seront pas moins vaillants* (1).

Socrate nous donne le bon conseil, le seul
capable de nous sauver : Revenir aux mœurs de
nos ancêtres, tout est là.

Mais, ces bonnes et solides mœurs d'antan,
fondées sur le respect des autres et de soi-même,
la priorité du devoir sur le droit, la discipline et
le sacrifice, sur la morale traditionnelle et chrétienne, en un mot, faut-il donc que nous cherchions
si loin de nous pour les retrouver ? Et nous est-il
défendu de clore cette étude, âpre série de constatations désolantes, sur une note de réconfort et
d'espérance ? Ne connaissons-nous pas, submergés
sans doute par la vague d'immoralité qui déferle
sur le monde moderne, mais fermes cependant
et inébranlables comme le roc en vain battu par

---

(1) XÉNOPHON : *Mémoires de Socrate*, III, 5.

la tempête, mille exemples vivants de la bonne, saine, intacte famille de jadis ?

Mais précisément, qu'il nous soit permis de le dire en terminant, exemples pas assez réconfortants parce que trop discrets. C'est, sans conteste, une grande vertu que la modestie ! aujourd'hui, pourtant, il sied à la vertu de n'être point trop modeste ! Le vice tient plus de place qu'elle et fait plus de bruit qu'elle — pourquoi ? Parce que, par excès de discrétion, par respect humain, par égoïsme même ou par nonchalance, le bien fuit le grand jour et qu'on n'y voit plus que le mal. Soyons donc un peu plus fanfarons des vertus qui nous restent ! tout compte fait, je ne crois pas qu'il nous en reste beaucoup moins qu'aux autres, et, à la famille française, à celle du moins qui voit plus loin que la vie présente et fixe parfois ses regards ailleurs que sur la terre, je suis bien sûr qu'il en reste autant et plus qu'à toute autre.

Les meneurs du vilain jeu, dont nous venons d'abattre les malpropres cartes, le savent bien ; et, si leurs audaces sacrilèges ont cet acharnement, c'est qu'ils sentent bien que leurs entreprises d'universelle destruction seront vaines tant qu'ils n'auront pas ébranlé la famille, surtout la famille chrétienne, pierre angulaire de notre vieil édifice national.

Malgré toutes les tristes misères que nous venons de fouiller, dans les pages qui précèdent, nous ne devons pas gémir comme ceux qui sont sans confiance et sans espérance ; car, nous autres hommes, malhabiles et faibles en cette nécessaire défense de nos foyers, nous avons des alliées que nous savons habiles et qui doivent être toutes-puissantes ; et les ennemis de la famille doivent échouer dans leur ignominieuse besogne s'ils trouvent les femmes, et d'abord les femmes chrétiennes, sur leur chemin. Nous ne valons, avouons-le, que par ce que nos femmes font de nous, et nos familles sont ce qu'elles sont. Si notre labeur entretient le foyer, c'est leur amour qui le réchauffe. Si notre tête et nos bras nourrissent la famille, c'est leur cœur qui la défend. — Et voilà bien pourquoi nous voulons être, malgré tout, si confiants ; nous nous rappelons l'auguste douceur de nos mères, nous nous reposons sur la ferme et fidèle tendresse de nos femmes, nous lisons l'avenir qui sourit dans le clair regard de nos filles. C'est à la femme de France que nous confions la famille française. Contre tant et de si graves périls, rien ni personne ne saurait, Dieu aidant, la mieux garder.

TABLE DES MATIÈRES

2222-07. — Imp. des Orph.-Apprentis, F. Blétit, 40, r. La Fontaine, Paris-Auteuil.

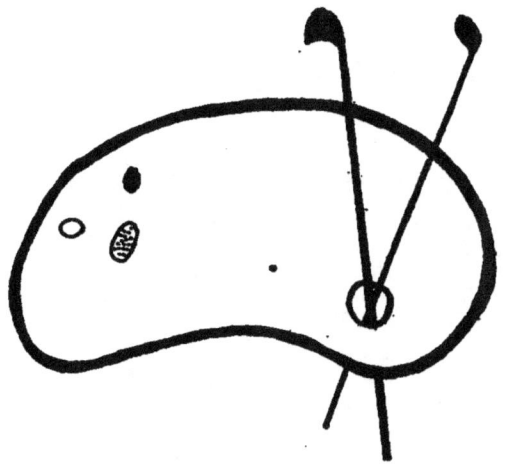

ORIGINAL EN COULEUR
NF Z 43-120-8

BIBLIOTHEQUE
NATIONALE

CHATEAU
de
SABLE

1992